O ASSASSINATO DE UMA NAÇÃO

da vinci

EDITOR
Daniel Louzada

TRADUÇÃO
Clóvis Marques

PREPARAÇÃO
Cássio Yamamura

CAPA
Maikon Nery

PROJETO GRÁFICO E DIAGRAMAÇÃO
Victor Prado

O ASSASSINATO DE UMA NAÇÃO

COMO OS ESTADOS UNIDOS E A OTAN
DESTRUÍRAM A IUGOSLÁVIA

MICHAEL PARENTI

Clóvis Marques
TRADUÇÃO

da vinci

RIO DE JANEIRO, 2023.

© Da Vinci Livros, 2023.
© Verso, 2002.

Este livro, traduzido do original em inglês, foi publicado pela Verso
com o título *To kill a nation: the attack on Yugoslavia*.

É vedada a reprodução total ou parcial deste livro sem a autorização da editora.

IMAGEM DA CAPA INTERNA
Mapa político da Iugoslávia com relevo, estradas, ferrovias e grandes cidades — 1981.
(Creative Commons)

Primeira edição, março de 2023.
Rio de Janeiro, Brasil.

Dados Internacionais de Catalogação na Publicação (CIP)
Vagner Rodolfo da Silva CRB — 8/9410

P228a   Parenti, Michael
O assassinato de uma nação: como os Estados Unidos e
    a OTAN destruíram a Iugoslávia / Michael Parenti;
    traduzido por Clóvis Marques. — Rio de Janeiro:
    Da Vinci Livros, 2023. 240 p.; 15,7cm x 23cm.

Tradução de: *To kill a nation: the attack on Yugoslavia*.
Inclui índice.

ISBN 978-65-8497-201-8

1. Relações internacionais. 2. Estados Unidos.
3. OTAN. 4. Iugoslávia. I. Marques, Clóvis. II. Título.

	CDD 327
2023-269	CDU 327

Índice para catálogo sistemático:
1. Relações internacionais 327
2. Relações internacionais 327

DA VINCI LIVROS
Livraria Leonardo da Vinci
Av. Rio Branco, 185 – subsolo – lojas 2-4
Centro – Rio de Janeiro – RJ – 20040-007
davincilivros@leonardodavinci.com.br
www.davincilivros.com.br
www.leonardodavinci.com.br

*Aos povos da antiga Iugoslávia,
na esperança de que possam viver em paz
com justiça.*

APRESENTAÇÃO *9*
João Carvalho

AGRADECIMENTOS *13*

INTRODUÇÃO
EM QUEM ACREDITAR? *15*

1   **HUMANITARISMO HIPÓCRITA** *23*

2   **TERCEIRO-MUNDIZAÇÃO** *31*

3   **DIVIDIR PARA CONQUISTAR** *37*

4   **A ESLOVÊNIA EM RELATIVO DESCOMPASSO** *49*

5   **CROÁCIA: NOVA REPÚBLICA, VELHOS REACIONÁRIOS** *53*

6   **BÓSNIA: NOVAS COLÔNIAS** *61*

7   **REPUBLIKA SRPSKA: DEMOCRACIA À MODA OTAN** *67*

8   **AS OUTRAS ATROCIDADES** *75*

9   **DEMONIZANDO OS SÉRVIOS** *85*

10   **A VEZ DE KOSOVO** *97*

11   **A EMBOSCADA DE RAMBOUILLET** *109*

12   **OS CRIMES DE GUERRA DA OTAN** *115*

13 A NARRATIVA DO GENOCÍDIO CONTINUA *127*

14 ONDE ESTÃO OS CORPOS ENTERRADOS? *139*

15 LIMPEZA ÉTNICA À MODA ELK-OTAN *149*

16 DESTRUIÇÃO RACIONAL:
    ELIMINANDO A CONCORRÊNCIA *157*

17 MULTICULTURALISMO NA IUGOSLÁVIA *167*

18 O FUTURO DA IUGOSLÁVIA:
    UMA NOVA BULGÁRIA? *181*

19 A PRIVATIZAÇÃO COMO META GLOBAL *187*

20 A AGRESSÃO CONTINUA *193*

LINHA DO TEMPO DOS
TERRITÓRIOS DA IUGOSLÁVIA *203*
Lúcio Geller Junior

NOTAS *215*

APRESENTAÇÃO

João Carvalho

Você, caro leitor, tem em suas mãos um pedaço tão importante quanto obscurecido de nossa história contemporânea. Uma história varrida para debaixo do tapete pela mídia hegemônica ocidental para esconder uma das operações mais vis, um dos desmontes mais cruéis, uma das interferências mais absurdas das quais uma nação soberana já foi vítima sob o capitalismo.

Há muito tempo havia a necessidade de publicação em português de um livro como *O assassinato de uma nação: como os Estados Unidos e a OTAN destruíram a Iugoslávia*, de Michael Parenti. Embora os Bálcãs tenham vivido dez anos de intervenção, uma campanha maciça de desestabilização da CIA e bombardeios da OTAN, poucos autores desafiaram a versão comumente aceita sobre as motivações ocidentais na região e nenhum conseguiu explicar os eventos de forma tão aguda como Parenti. Publicado originalmente em 2002, este foi o primeiro livro a examinar criticamente o registro da intervenção ocidental nos Bálcãs a partir de uma perspectiva de classe. Nesse processo, Parenti demoliu uma série de mitos consagrados.

A Iugoslávia foi o último bastião do socialismo real após a derrocada do comunismo na Europa Ocidental e na União Soviética. O modelo de socialismo autogestionário ali implantado, em que pesem todas as suas contradições, manteve-se não somente apesar, mas principalmente contra a adoção de um sistema pleno de livre mercado que varreria a Europa do Leste e cujos danos são sentidos por toda a sua população ainda hoje.

Parenti começa a delinear como as nações ocidentais — principalmente a Alemanha e os Estados Unidos — projetaram a ruptura da Iugoslávia. "O objetivo final", ele escreve, "tem sido a total privatização e terceiro-mundização da Iugoslávia, da Europa Oriental e, na verdade, de todos os outros países", para "substituir o salário social por um livre mercado global neoliberal". O rol de evidências apresentado para subsidiar essa tese é robusto e deve incutir dúvidas severas mesmo naqueles que persistem acreditando que os motivos ocidentais foram altruístas.

A história que temos diante de nós é, antes de tudo, um drama: dezenas de milhares de mortos, mais de um milhão de refugiados, destruição generalizada e sofrimento agudo dos diversos povos envolvidos; tudo isso para criar um clima amigável ao investimento corporativo ocidental que se estabeleceria sobre uma montanha de cadáveres.

Toda guerra contemporânea acontece para além do campo de batalha. Existe sempre uma "segunda guerra", que ocorre através dos meios de comunicação de massa, buscando incutir narrativas pré-concebidas que, na esmagadora maioria das vezes, em nada toca a realidade material dos conflitos. Ainda assim, o volume e a natureza fantasiosa da propaganda ocidental durante as guerras dos Bálcãs foram notáveis.

Parenti disseca brilhantemente o paradigma da propaganda para a Iugoslávia, expondo deturpações e mentiras. O autor aborda, por exemplo, a questão das atrocidades da guerra, demonstrando que sua apresentação midiática foi permeada pela mais aberta manipulação — pela distorção, omissão ou exagero. Não foge também à sua análise a figura de Slobodan Milošević, o suposto ditador que com mão-de-ferro comandava o país com base na exclusão étnica e na censura.

Ao remate, Parenti nos traz observações feitas *in loco* após sua visita a uma Iugoslávia recém-bombardeada pela OTAN. Como é costume nas operações de guerra conduzidas pelo ocidente capitalista, as grandes vítimas dos bombardeios da OTAN foram os bairros residenciais e os alvos civis. O contraste entre os relatórios da imprensa ocidental e a visão em primeira mão da realidade é, ao mesmo tempo, aviltante e impressionante.

A narrativa sobre o alcance da destruição ainda hoje causa choque. O *pathos* se torna rapidamente racionalidade quando Parenti explica a lógica inumana por trás dos ataques: toda e qualquer cidade, toda e qualquer habitação humana era um possível alvo das bombas — afinal, o objetivo era destruir a infraestrutura do país, devolvendo-o à uma condição análoga àquelas do chamado terceiro mundo para forçá-lo à subserviência aos desejos do capital: "[...] privá-lo de mercados e comércio, atrasar o desenvolvimento tecnológico, solapar sua estrutura financeira, privatizar e desindustrializar a indústria, empobrecer e desmoralizar a população. Uma das maneiras mais rápidas de conseguir boa parte disso é recorrer a uma maciça força militar para destruir a infraestrutura e a base produtiva e danificar seriamente o sistema ecológico". Toda e qualquer coincidência com as campanhas posteriores no Iraque, na Líbia e em outras partes é, senão, a lógica sanguinolenta do capital e do imperialismo.

A análise de Parenti por um viés de classe demonstra que a OTAN não estava em uma cruzada humanitária, mas sim em uma missão de punir países "socialistas", cuja mera existência ameaçava a ideia do capitalismo como única alternativa possível. A ideia era e é criar um mundo no qual não haja alternativa ao capitalismo corporativo, um mundo no qual o capitalismo seja praticado em todos os lugares, exatamente como os elementos mais poderosos da classe capitalista desejam.

Afastados hoje já quase três décadas da eclosão dos conflitos, percebemos que o objetivo do capitalismo infelizmente se cumpriu. Os Bálcãs se tornaram desde então um barril de pólvora prestes a explodir. O que outrora era uma única nação que gozava de qualidade de vida exemplar e soberania irrestrita, tornou-se uma miríade de nações pulverizadas, cortadas pelo ódio étnico e lutas artificialmente criadas para prevenir um projeto plural de crescimento comum.

Michael Parenti se coloca à altura da tarefa que se propôs e o resultado é um texto fluido, claro e conciso, cuja leitura envolvente torna difícil começar o livro sem terminá-lo. Rica em detalhes e instigante, se esta obra tivesse algum defeito, seria a sua brevidade, que deixa o leitor com fome de mais. Tanto tempo depois de seu lançamento, *O assassinato de uma nação* é a leitura ideal para aqueles que querem entender o conflito nos Bálcãs. Que esta seja a primeira de muitas publicações a respeito do assunto no Brasil.

JOÃO CARVALHO é historiador, educador popular e militante comunista. Graduado em História pela Universidade Federal de Minas Gerais (UFMG), é mestre em História Social pela Universidade de São Paulo (USP) e doutorando em História Social da Cultura pela UFMG.

AGRADECIMENTOS

Gregory Elich e Barry Lituchy, dois excelentes especialistas dos Bálcãs, fizeram uma leitura crítica do texto e generosamente puseram seu profundo conhecimento à minha disposição. Com isso, me pouparam de alguns passos em falso e me permitiram um domínio do tema que eu não teria alcançado inteiramente sozinho. Marie-Pierre Lahaye, Shayna Gluck Lazarevich, Herman de Tollenaere, Peggy Karp, William Blum, Sani Rifati, Carol Bloom, James Petras, Robin Eastman-Abaya, Frank Lucido, Lenora Foerstel, Maria Makela, Beth Garber, Jane Scandebury e Joyce Clyde me forneceram um valioso filão de materiais úteis e em certos casos também dedicaram seu tempo a discutir questões tratadas neste livro. Conversas casuais no último ano com Michel Collon, Peter Phillips, Richard Becker, Carl Boggs e Karen Talbot também reforçaram minha determinação de tentar esclarecer as coisas. Meu filho, Christian Parenti, compartilhou comigo seus pontos de vista e encontrou o título do livro. Mark Ingles, Willa Madden e Michelle Pomeroy me mantiveram em dia com as questões tecnológicas. Chellis Glendinning deu um valioso apoio quando eu chegava à reta final. E Colin Robinson, Niels Hooper e outros na Verso foram de grande ajuda. A todas essas pessoas tão gentis, envio meus sinceros agradecimentos.

INTRODUÇÃO

EM QUEM ACREDITAR?

Este livro trata das mentiras que os nossos líderes contam há mais de uma década* sobre os acontecimentos na antiga Iugoslávia e da maneira como esses acontecimentos se inserem no contexto mais amplo da política global dos Estados Unidos. Nas páginas que se seguem, eu investigo os conflitos que levaram ao desmembramento desse país e os interesses que motivaram os dirigentes dos EUA e dos países aliados da OTAN.

Não sou desses críticos que acham que a política ocidental em relação à Iugoslávia tenha sido equivocada ou confusa. Os grandes dirigentes são inteligentes, capazes e em geral mais conscientes do que estão fazendo do que aqueles que os consideram insensatos ou despreparados. A diplomacia americana não está cheia de contradições e incoerências. Ela tem atuado com regularidade e brilhantismo a serviço dos que são donos da maior parte do mundo e querem ser donos de todo ele. O fato de certos críticos não saberem o que os responsáveis pelas decisões estão fazendo não significa que esses responsáveis não saibam o que estão fazendo. O fato de os dirigentes ocidentais fazerem declarações enganosas sobre seus objetivos e intenções não denota confusão da sua parte, mas o desejo de confundir seu público quanto aos interesses que realmente defendem. O fato de enganarem os outros não significa que estão enganados, embora,

---

* Texto originalmente publicado em 2002. [Nota da edição brasileira.]

naturalmente, haja momentos em que cometem erros e enfrentam perplexidade quanto a suas táticas e ao melhor momento para agir.

Mas eles raramente se sentem confusos em sua oposição ao socialismo e sua dedicação à globalização de livre mercado e ao que costumam chamar eufemisticamente de reformas democráticas. Na última década, aproximadamente, eles se têm mostrado mais claros quanto aos poderosos interesses econômicos por trás da sua busca da "democracia". E sempre que a democracia de fato começa a funcionar bem demais, quando começa a cercear ou limitar o programa liberal de livre mercado, em vez de servir como uma cobertura de legitimação, a mencionada dedicação à democracia de livre mercado prontamente se transforma em dedicação à autocracia de livre mercado.

Vou sustentar que a intervenção ocidental na Iugoslávia não tem sido benigna, mas implacavelmente egoísta; não tem sido confusa, mas bem orientada, considerando os interesses a que os intervencionistas servem. O motivo por trás da intervenção não foi um novo humanitarismo da OTAN, mas o desejo de pôr a Iugoslávia — assim como todos os outros países — sob a suserania da globalização de livre mercado. Não sou o único que enxerga o conflito dessa maneira; é também o caso dos próprios responsáveis pelas decisões. Como demonstrarei, eles se têm mostrado muito mais preocupados com privatizações e "reformas" neoliberais (redução de custos) do que com o bem-estar dos diferentes povos iugoslavos.

Os dirigentes ocidentais falam de paz, mas promovem guerras cruéis. Pedem democracia ao mesmo tempo em que apoiam ex-nazistas e estimulam intervenções despóticas. Louvam a autodeterminação enquanto exercem um domínio colonial coercitivo sobre outros povos. Denunciam a limpeza étnica ao mesmo tempo em que a praticam. É o que tentarei demonstrar nas páginas que se seguem.

Boa parte do debate sobre o conflito iugoslavo gira em torno de questões como: "Em quem devemos acreditar? Em quais fontes devemos confiar? Nos meios de comunicação ocidentais livres e independentes ou na imprensa controlada pelo governo de Belgrado?" Eu responderia da seguinte maneira: os meios de comunicação americanos, como a maior parte dos veículos noticiosos de outros países ocidentais, não são livres nem independentes. São propriedade de cartéis corporativos, em grande parte conservadores, que os controlam em função dos interesses e da ideologia neoliberal autorreferencial do capital financeiro internacional. O objetivo dessas elites político-econômicas é transformar o mundo numa economia global sob a tutela das corporações transnacionais, apoiadas pelo incontrastável poderio imperial dos Estados Unidos e seus aliados. Um elemento-chave dessa estratégia global, naturalmente, implica a restauração do capitalismo nos antigos países comunistas. Os meios de comunicação de propriedade do mundo corporativo raramente se afastam muito desse paradigma ideológico dominante, não apenas no noticiário, mas também em seus editoriais, comentários e artigos de opinião. Quando jornalistas chegam a levantar questões críticas a respeito das políticas públicas, é quase sempre no nível operacional: "Os bombardeios estão dando resultado?" "O problema dos refugiados está sob controle?" Eles nunca questionam os pressupostos subjacentes que levaram aos bombardeios e geraram refugiados.

Os meios de comunicação públicos, como o Public Broadcasting Service (PBS) e a National Public Radio (NPR), nos Estados Unidos, e a British Broadcasting Corporation (BBC), na Grã-Bretanha, não se saem muito melhor. Eles funcionam numa resistente cultura política, sujeitos a pressões da parte dos financiadores (entre eles, no caso do PBS e da NPR, o governo federal e grandes corporações). E não estão mais imunes à ideologia hegemônica que outras grandes instituições. Na verdade, a mídia pública tem se revelado uma zelosa promotora da política oficial para a Iugoslávia.

Assim, a mídia dominada por corporações reflete fielmente a orientação determinada pelos líderes políticos dominados por essas corporações, dirigentes que constroem suas carreiras a serviço dos detentores do poder. A respeito da Iugoslávia, a imprensa ocidental deixou de lado qualquer pretensão de independência crítica e — com algumas notáveis exceções — entrou na marcha acelerada de demonização dos sérvios e justificação sensacionalista das intervenções desestabilizadoras e violentas da OTAN.

Se as fontes ocidentais não são confiáveis, será que podemos confiar nas fontes iugoslavas? Apesar de certamente empenhados em fornecer apenas a sua visão da história, os comunicados oficiais de Belgrado podem conter informações úteis e fidedignas. Assim, se Belgrado informou que as valas comuns supostamente existentes em grande quantidade em Kosovo não foram encontradas depois da ocupação da província pelas forças da OTAN, ou que separatistas albaneses destruíram oitenta igrejas ortodoxas, mosteiros e outras instalações religiosas sérvias em Kosovo desde o início da ocupação da OTAN, não há motivo para presumir *ipso facto* que essas foram invenções. Na verdade, as duas informações revelaram-se verdadeiras e chegaram a receber atenção passageira na imprensa ocidental, embora de uma perspectiva muito diferente. Além disso, a versão dos fatos apresentada por Belgrado nunca está ao nosso alcance no Ocidente (onde, supostamente, temos acesso a todos os lados da história). Ainda que fosse exclusivamente por esse motivo, as fontes de Belgrado deveriam merecer alguma atenção.

Seja como for, quero frisar que quase todas as informações usadas neste livro provêm de fontes *ocidentais* consagradas: a União Europeia, a Comissão Europeia (braço executivo da UE), a Comissão dos Direitos da Mulher da Comunidade Europeia, a Organização para a Segurança e a Cooperação na Europa (OSCE) e sua Missão de Verificação em Kosovo, a Comissão de Crimes de Guerra da ONU e vários outros relatórios e comissões da ONU, o British Helsinki Human Rights Group, o Tribunal Penal Internacional para a antiga Iugoslávia (ICTY), vários relatórios do Departamento de Estado americano, a Agência de Fiscalização de Drogas americana (DEA) e organismos europeus ocidentais de fiscalização de drogas, relatórios dos ministérios alemães de Relações Exteriores e da Defesa, o International Crisis Group, a Anistia Internacional e a Cruz Vermelha Internacional.

Além disso, conto com informações de membros do congresso americano, entre eles um ex-líder da maioria no Senado, além de um ex-funcionário do Departamento de Estado no governo Bush, um ex-subcomandante do comando militar americano na Europa e vários generais e negociadores internacionais da ONU e da OTAN. Também tomo nota das observações críticas, e em geral negligenciadas, de pilotos da força aérea espanhola, de peritos forenses e monitores da ONU.

No caso das informações gerais, recorro não apenas a fontes progressistas como *CovertAction Quarterly* e o International Action Center, mas também ao *New York Times*, ao *Wall Street Journal*, ao *Washington Post*, a *Le Monde Diplomatique, London Times, Toronto Star, Foreign Affairs, Christian Century, Economist, US News and World Report* e várias outras publicações americanas, britânicas, canadenses e francesas da mídia hegemônica.

O que levanta outra questão: se consideramos que a imprensa hegemônica e as fontes ocidentais oficiais não são livres e independentes, nem certamente objetivas, por que deveríamos acreditar em algo que provenha delas? E qual seria o critério pelo qual recusamos ou aceitamos o que é apresentado? A resposta é a mesma que dei a respeito das fontes iugoslavas: o fato de uma fonte não ser independente nem objetiva não significa que não possa conter informações reveladoras, não raro enterradas em lugares relativamente obscuros. Em geral, as informações da mídia hegemônica que vão de encontro aos próprios paradigmas dominantes costumam ser confiáveis; certamente não podem ser descartadas como agindo exclusivamente em causa própria. Assim, se o *New York Times*, a UE, a CIA ou qualquer publicação, organização ou agência publica determinada informação ou descrição de acontecimentos que contradiga o que costuma sustentar, será algo digno de nota: afinal, foram eles que disseram. Se a CIA viesse a admitir, depois de anos de negativas, que estava envolvida no tráfico de drogas na América Central, como declararam sob juramento alguns de seus agentes, poderíamos acreditar na CIA nesse caso. Se os sérvios reconhecessem que seus paramilitares cometeram atrocidades, como de fato reconheceram, o leitor hostil poderia aceitar a informação como confiável, apesar de ela vir de fontes sérvias — ou sobretudo por vir de fontes sérvias.

Além disso, há coisas que são de domínio público e revelam grande quantidade de informações em geral ignoradas pelos propagandistas ocidentais. Assim, minha argumentação contra a hipocrisia do acordo de Rambouillet** não deriva de fontes de Belgrado, mas da leitura do próprio acordo. E minha argumentação de que a intenção dos líderes ocidentais é impingir as injustiças e sacrifícios decorrentes do livre mercado à Iugoslávia e a outros países se escora no que esses mesmos líderes reiterada e

---

** Conferência realizada no início de 1999 no castelo de Rambouillet, França, para discutir um acordo de paz no Kosovo. [Nota da edição brasileira.]

explicitamente dizem e fazem em nome dos cortes econômicos impostos pelos interesses do livre mercado na Iugoslávia e em outros países. Não preciso recorrer a fontes de Belgrado para sustentar esse ponto de vista.

Por fim, mesmo quando estão mentindo, os detentores do poder muitas vezes revelam mais do que pretendem. Não raro o tiro deles sai pela culatra, dadas as disparidades entre o que dizem e o que fazem, as contradições e improbabilidades de algumas de suas posturas. Certas pessoas ficam indignadas quando alguém dá a entender que seus dirigentes políticos mentem, especialmente no que diz respeito à política externa. Consideram que se trata de "teorias da conspiração". Na verdade, os presidentes americanos mentem mais que nunca quando estão falando de política externa. Nas posições que assumiu publicamente em relação à Iugoslávia, Bill Clinton se revelou um mentiroso profissional. Ao examinar o que ele e seus assessores e aliados diziam, nem precisamos recorrer a fontes alternativas para apontar tanto a falta de provas que sustentem suas alegações como as provas do contrário sugeridas pelos seus atos. E podemos registrar a insistente manipulação de imagens e rótulos mediante a qual tentavam bombardear nosso pensamento crítico e tornar irrelevantes até as provas mais cabais. Frequentemente, os mentirosos são os piores inimigos de si mesmos.

Convido então o leitor a examinar uma abordagem alternativa, muito pouco encontrada no universo da comunicação corporativa ocidental. Considero que o público em geral não teve acesso à história toda, a verdadeira história do ataque implacável contra a Iugoslávia. Chegar sempre a algo mais próximo da verdade é o primeiro dever de uma cidadania democrática. Só assim é possível exercer algum controle sobre os dirigentes políticos em vez de ser conduzido por eles. É o que devemos a nós mesmos e aos povos das diferentes nações ainda hoje na mira dos militaristas e militantes do livre mercado do Ocidente.

1

HUMANITARISMO HIPÓCRITA

Entre 24 de março e 10 de junho de 1999, as forças militares dos EUA, em coordenação com outras potências da OTAN, efetuaram ataques contínuos contra a Iugoslávia, lançando vinte mil toneladas de bombas e matando mais de três mil homens, mulheres e crianças. Tudo isso foi feito por preocupação humanitária com albaneses de Kosovo — ou pelo menos era o que queriam que acreditássemos. Em questão de poucos meses, o presidente Clinton bombardeou quatro países: Sudão, Afeganistão, Iraque (repetidamente) e Iugoslávia (maciçamente). Simultaneamente, o Estado de segurança nacional americano se envolvia indiretamente em guerras em Angola, México (Chiapas), Colômbia e Timor Leste, entre outros lugares. Tropas americanas foram mobilizadas em cerca de trezentas grandes bases militares em todo o mundo — tudo em nome da paz, da democracia, da segurança nacional e do humanitarismo.

Não podemos deixar de notar, entre nós, que os dirigentes americanos se mostram nitidamente seletivos em suas intervenções supostamente humanitárias. Não tomaram qualquer iniciativa contra a República Tcheca ante os maus tratos infligidos aos romas (ciganos), ou contra a Grã-Bretanha pela repressão, que já vem de longa data, da minoria católica na Irlanda do Norte, nem contra os hutus pelo genocídio de meio milhão de tutsis em Ruanda — ou contra os franceses que foram cúmplices desse massacre. Os dirigentes americanos tampouco estudaram a possibilidade de lançar "bombardeios humanitários" contra o povo guatemalteco por causa do sistemático massacre, por parte dos militares da Guatemala, de dezenas de milhares de aldeões maias, nem contra o povo da Indonésia porque seus generais mataram mais de duzentos mil timorenses e ainda estavam envolvidos nesse morticínio no verão de 1999, para não falar no extermínio de indonésios — estimado entre meio milhão e um milhão de mortes — realizado por esses mesmos generais em 1965 e nos anos seguintes.

As preocupações humanitárias também não foram suficientes para levar os dirigentes americanos e as forças paramilitares de direita a tomarem iniciativas contra dezenas de outros países de todo o mundo envolvidos em atos de subversão, sabotagem, terrorismo, tortura, tráfico de drogas, esquadrões da morte, assassinatos em massa e guerras de atrito — acontecimentos muito mais graves do que qualquer coisa de que o presidente iugoslavo Slobodan Milošević tenha sido acusado. Na maioria dos casos, o Estado de segurança nacional americano não só tolerou essas atrocidades como foi cúmplice ativo de seus responsáveis — que em geral eram beneficiários de ajuda americana ou de trocas comerciais com os Estados Unidos.[1]

Veja, por exemplo, o tratamento dispensado aos curdos. Os curdos são hoje 25 milhões, o maior grupo nacional do mundo sem um Estado próprio. Durante milhares de anos, viveram numa região que hoje faz parte da Turquia, do Iraque, do Irã, da Síria e da antiga União Soviética. Durante décadas, dirigentes americanos e seus fiéis porta-vozes nos meios de comunicação ignoraram o sofrimento do povo curdo. Por um breve período em 1990, ao mesmo tempo em que tratavam de desacreditar e atacar o Iraque, os líderes políticos e formadores de opinião americanos exploraram intensivamente o fato de o líder iraquiano Saddam Hussein submeter a maus-tratos os curdos sob seu domínio. Mas nem uma única palavra de censura foi dirigida à Turquia, o mais fiel e repressor dos Estados clientes dos EUA, com sua longa história de tortura e assassinato de dissidentes. Em épocas recentes, dirigentes turcos arrasaram ou evacuaram à força três mil aldeias curdas; quarenta mil curdos morreram em consequência disso e dois milhões ficaram desabrigados.[2] Eram atos de repressão étnica capazes eclipsar qualquer coisa de que os sérvios eram acusados. Mas os dirigentes americanos não se interessaram em bombardear a Turquia. Pelo contrário: deram ou venderam a Ancara desde 1980 armas no valor de quinze bilhões de dólares. Como membro da OTAN, a Turquia foi um dos países que participaram do bombardeio da Iugoslávia.

Em 1995, o governo Clinton reconheceu com relutância que os dirigentes turcos cometiam graves abusos. Mas não havia motivo de preocupação. A situação dos direitos humanos na Turquia supostamente estava "melhorando". De qualquer maneira, como assinalou o secretário-assistente de Estado para os Direitos Humanos John Shattuck, "Não creio que os Estados Unidos sejam responsáveis pelas políticas internas da Turquia."[3] Por que, então, os Estados Unidos presumem ser tão urgentemente responsáveis pelas políticas internas da Iugoslávia, a ponto de espalhar morte e destruição entre seu povo?

Em 1993, dirigentes ocidentais e comentaristas da mídia liberal nos Estados Unidos e na Grã-Bretanha clamavam por uma campanha intervencionista para resgatar os muçulmanos bósnios das mãos dos malvados sérvios. Nesse mesmo momento, mais de mil pessoas morriam diariamente na guerra de atrito contra Angola patrocinada pela CIA, número muito maior que as vítimas que morriam na Bósnia. A guerra civil na Libéria havia deslocado 85% da população. No Afeganistão, só em Cabul cerca de mil pessoas foram mortas em uma semana em maio de 1993. Em julho de 1993, os israelenses lançaram um bombardeio de saturação no sul do Líbano, transformando cerca de trezentos mil muçulmanos em refugiados, em uma iniciativa que apresentava todos os sinais de constituir uma política de despovoamento ou "limpeza étnica".

Por que os responsáveis pelas decisões e os comentaristas do Ocidente se mostravam tão preocupados com os muçulmanos da Bósnia, mas tão despreocupados com os muçulmanos do Líbano ou do Iraque? Por que estavam tão indignados com a partição da Bósnia, mas não com a partição do Líbano? Como pergunta a jornalista e cineasta Joan Phillips:

Por que os muçulmanos da Bósnia, e nunca os sérvios da Bósnia? Por que os liberais se identificaram tão fortemente com o lado dos muçulmanos na Bósnia que descartaram toda empatia em relação aos sérvios? Os sérvios com certeza têm as mãos sujas de sangue. Mas será que todas as atrocidades da guerra suja nos territórios que constituíam a Iugoslávia foram cometidas por um lado apenas? Por que será que oitocentos mil refugiados sérvios são invisíveis para esses comentaristas liberais em busca de vítimas? Seria porque os sérvios são mesmo demônios? Ou porque uma mídia cada vez mais conformista e acrítica pulou no trio elétrico montado pelos seus governos no início da guerra na Iugoslávia, sem nunca questionar seriamente o que estava acontecendo?[4]

A Bósnia deve continuar "multiétnica", argumentavam os dirigentes ocidentais, que no mesmo momento se empenhavam em dissolver a grande federação multiétnica da Iugoslávia, nação constituída por 28 nacionalidades, para formar pequenos estados monoétnicos dominados pelo medo. "No fim das contas, não parece haver grande coerência e menos princípios ainda envolvidos na grande cruzada liberal pela Bósnia. Somos levados a pensar que deve haver intenções ocultas", conclui Phillips.[5]

Permanece, portanto, a pergunta: a intervenção contundente dos EUA e da OTAN na Iugoslávia realmente foi motivada pela preocupação com os diferentes grupos étnicos não sérvios? O objetivo realmente seria manter a paz e impedir um genocídio? Há mais de uma década os conflitos na antiga Iugoslávia têm sido apresentados como a culminância de inimizades étnicas e religiosas de raízes históricas. Mas o fato é que não havia guerra civil, nem matanças generalizadas, nem limpeza étnica antes de as potências ocidentais começarem a se intrometer nas questões internas da Iugoslávia, financiando as organizações secessionistas e criando a crise político-econômica que desencadeou os conflitos.

Será que os sérvios são mesmo os novos nazistas da Europa? Para quem precisa refrescar a memória, os nazistas promoveram uma guerra de agressão contra uma dúzia ou mais de países europeus, exterminando sistematicamente cerca de nove milhões de civis indefesos, entre os quais seis milhões de judeus, e causando em suas invasões a morte de milhões de outros, entre eles 22 milhões de cidadãos soviéticos.[6] As acusações de atrocidades em massa e genocídio levantadas contra Belgrado serão examinadas nos capítulos seguintes.

Dizem que a mentira voa e que a verdade se arrasta pesadamente atrás, fadada a nunca alcançá-la. O que muitas vezes é considerado inerente à própria natureza da comunicação. E é possível que muitas vezes informações verídicas, mas banais, sejam incapazes de competir com imagens fortes reiteradamente veiculadas no universo midiático. Mas não é uma explicação suficiente sobre a maneira como as questões são propagadas na arena global. Em vez de atribuir a conceitos como verdade e mentira a capacidade de se concretizar e se autodeterminar, devemos ter em mente que as mentiras dos nossos dirigentes só obtém crédito por serem disseminadas de maneira constante e generalizada. A verdade raramente consegue recuperar o terreno perdido porque aqueles que governam as nações e administram o universo das comunicações de massa não têm interesse em lhe dar livre circulação.

Se milhões de pessoas continuam repetidamente acreditando nas mentiras, é porque não ouvem outra coisa. Depois de certo tempo, essas mentiras se tornam a única coisa que querem ouvir. Dignos de admiração são aqueles que, no mundo inteiro, protestam e se manifestam contra essas intervenções "humanitárias". Nos Estados Unidos e em outros países ocidentais, o público em geral se manteve visivelmente indiferente à campanha de ataques aéreos contra a Iugoslávia. O governo Clinton parecia perfeitamente consciente disso, como se notava pela falta de disposição de enviar tropas terrestres, por medo de que o público americano não tolerasse a perda de vidas de seus cidadãos. Uma guerra em nome da qual os cidadãos não se disponham a fazer sacrifícios de espécie alguma não é uma guerra para a qual o governo possa alegar dispor de amplo apoio.[7]

Naturalmente, os americanos não gostavam do que ouviam sobre "genocídio" e "limpeza étnica", mas não havia qualquer sinal do fervor nacionalista que se apoderou de muitos durante a Guerra do Golfo uma década antes. Na verdade, a impressão geral era de que a história não estava sendo contada por completo.[8] O caráter obviamente unilateral dos ataques aéreos, o fato de a Iugoslávia não ter invadido nenhum outro país e o impacto dos bombardeios em uma população civil europeia contribuíram para uma sensação generalizada de mal-estar. E com efeito, nas onze semanas da "missão" da OTAN, o apoio manifestado nas pesquisas de opinião caiu de mais de 65% para apenas 50%, e prometia continuar a diminuir.

QUANDO TERRORISMO NÃO É TERRORISMO

O coordenador de Contraterrorismo no Departamento de Estado dos EUA, Michael Sheehan, falando em reunião do relatório anual "Padrões do Terrorismo Global", no dia 1º de maio de 2000:

> SHEEHAN: A definição de terrorismo em nossa legislação é muito clara. Mas em termos gerais, em uma guerra, se forças militares estão atacando umas às outras, não se trata de terrorismo. Mas se uma organização terrorista armada ataca alvos civis, isso é terrorismo. Essa em geral é a diferença. Ou se alguém ataca — também é... um atentado terrorista quando se ataca pessoal militar em quartéis, como no caso dos bombardeios de Khobar ou do quartel dos Fuzileiros Navais em 1982. Nesses casos, são atos de terrorismo. Cada caso é levado em conta individualmente.
> REPÓRTER: Então, por exemplo, se os Estados Unidos lançassem... como é que se chamam mesmo?... mísseis de cruzeiro em pessoas em quartéis ou tendas, seja como for, isso seria terrorismo? Poderia ser terrorismo?
> SHEEHAN: Não.
> [risos]

A menção aos risos não foi incluída na transcrição da reunião de informação divulgada pelo Departamento de Estado, mas eles eram audíveis na reprodução do trecho pela rádio C-Span.

Em resposta, o governo Clinton, com a ativa cumplicidade da mídia, aproveitou cada oportunidade para minimizar a morte e a destruição causadas pelos bombardeios e alardear imagens das satânicas atrocidades cometidas pelos sérvios. Mesmo assim, o apoio hesitante ao massacre deve ter desempenhado um papel na decisão da Casa Branca de suspender os bombardeios e aceitar menos que uma ocupação total da Iugoslávia. O que deve servir para nos lembrar que a luta contra a guerra e a agressão começa em casa. É imperativo, assim, empreendermos todos os esforços para examinar a ortodoxia dominante de maneira crítica e tomar um rumo diferente.

2

TERCEIRO-MUNDIZAÇÃO

Ao contrário da maioria dos países, a Iugoslávia surgiu de uma ideia, como observou Ramsey Clark certa vez. Esperava-se que, dotados de uma federação própria, os eslavos do Sul deixassem de ser povos fracos e divididos, presa fácil de interesses imperialistas. A ideia era que eles aprendessem a conviver, formando um território substancial e capaz de desenvolvimento econômico. E, de fato, depois da Segunda Guerra Mundial, a Iugoslávia tornou-se em certa medida um sucesso econômico. Entre 1960 e 1980, o país apresentava índices de crescimento dos mais vigorosos, paralelamente a serviços de educação e saúde gratuitos, garantia de renda mínima, férias remuneradas de um mês, índice de alfabetização de mais de 90% e expectativa de vida de 72 anos. A Iugoslávia também oferecia à população multiétnica transporte, habitação e serviços a preços razoáveis, numa economia socialista de mercado essencialmente controlada pelo Estado. Ainda em 1990, mais de 60% da força de trabalho estava no setor público, em grande parte em regime de autogestão.[1] Até Misha Glenny, que enxerga o stalinismo à espreita em todo sistema comunista, foi capaz de declarar: "Ao longo de quarenta anos de controle comunista na Europa central e do Sudeste, Belgrado sempre representou um raio de luz de otimismo. Ao lado das cidades irmãs da federação [iugoslava], Zagreb, Liubliana e Sarajevo, ela ostentava uma vida cultural animada, [e] um padrão de vida relativamente alto [...]."[2]

Não era o tipo de país que o capitalismo global normalmente aprovaria. Ainda assim, os Estados Unidos toleraram a existência da Iugoslávia socialista por 45 anos porque era vista como um divisor dos países do Pacto de Varsóvia. A existência da Iugoslávia como país socialista não alinhado também era apoiada com relutância pela União Soviética. A Iugoslávia foi membro fundador das Nações Unidas e da Conferência dos Países Não Alinhados, além de participante regular de missões de manutenção da paz da ONU. Mas em 2000 havia sido reduzida à condição de pária, o único país a ser expulso das Nações Unidas. Após a derrubada do comunismo em toda a Europa oriental e na antiga União Soviética, a República Federal da Iugoslávia (RFI) continuou como o único país da região que não descartou voluntariamente o que restava do socialismo para instalar um pleno sistema de livre mercado. Também se mostrava orgulhosamente desinteressada em entrar para a OTAN. O objetivo dos EUA tem sido transformar a RFI em uma região do Terceiro Mundo, um agregado de principados direitistas fracos com as seguintes características:

- Incapacidade de traçar uma rota independente de desenvolvimento.
- Recursos naturais totalmente acessíveis à exploração das corporações transnacionais, inclusive a enorme riqueza mineral de Kosovo.
- Uma população alfabetizada e qualificada trabalhando por salários de subsistência, um fundo laboral barato capaz de contribuir para aviltar os salários na Europa Ocidental e em outras regiões.
- Desmantelamento das indústrias de petróleo, engenharia, mineração, fertilização, farmácia, construção, automotiva e agrícola, para eliminar a concorrência a produtores ocidentais.

Os legisladores americanos queriam abolir os serviços e programas sociais do setor público da Iugoslávia, recorrendo à mesma "terapia de choque" imposta aos antigos países comunistas da Europa Oriental e à União Soviética. O objetivo final tem sido a total privatização e terceiro-mundização da Iugoslávia, da Europa Oriental e, na verdade, de todos os outros países. Ele consiste em substituir o salário social por um livre mercado global neoliberal, processo que permitiria depositar poder e riqueza ainda maiores nas mãos dos que estão no topo.

No fim da década de 1960 e no início da década seguinte, os dirigentes da RFI, seguindo nesse sentido dirigentes comunistas de outros países da Europa Oriental, cometeram um erro desastroso: decidiram tomar empréstimos substanciais no Ocidente para expandir ao mesmo tempo a base industrial do país, sua produção destinada à exportação e a produção de bens de consumo para uso interno. Mas quando as economias ocidentais entraram em recessão e bloquearam as exportações iugoslavas, assim desequilibrando sua balança comercial, Belgrado se viu fortemente endividada. E essa dívida maciça começou a se agravar com o acúmulo de juros. Em pouco tempo, como acontece com tantos outros países endividados, os credores, entre eles o Banco Mundial e o Fundo Monetário Internacional (FMI), exigiram uma "reestruturação".[3] A reestruturação consiste num programa draconiano de austeridade e "reformas" neoliberais: congelamento de salários, abolição dos subsídios estatais aos preços, aumento do desemprego, eliminação da maioria das empresas geridas pelos trabalhadores e cortes maciços nos gastos sociais. Os iugoslavos tinham de consumir menos e produzir mais, para que uma parte maior da riqueza nacional fosse redirecionada para o pagamento da dívida.

DE MÃOS DADAS COM O SETOR PRIVADO

No programa *Talk of the Nation*, da NPR, que foi ao ar no dia 10 de junho de 1999, Brian Atwood, administrador na Agência dos Estados Unidos para o Desenvolvimento Internacional (USAID), comentou que era necessário transformar as economias das repúblicas que antes constituíam a Iugoslávia. "Como privatizar a maior parte da sociedade? [...] É necessário usar muita gente em campo, ajudando a proporcionar assistência técnica para que essas sociedades transformem seus sistemas [econômicos]." O outro convidado, Lodewijk Briet, integrante da delegação da Comissão Europeia, concordou: "Precisamos colaborar mais estreitamente com o setor privado." E acrescentou que o embaixador americano, Richard Shifter, que estava à frente de iniciativas nesse sentido junto ao Departamento de Estado, em coordenação com a USAID, "está [...] muito interessado em envolver o setor privado americano, inclusive, naturalmente, o setor corporativo. E na Europa também estamos plenamente de acordo".

A reestruturação promoveu a esperada devastação neoliberal. O Banco Mundial levou centenas de empresas à falência, gerando seiscentas mil demissões em 1989-1990, enquanto outras centenas de milhares trabalhavam sem remuneração durante meses.[4] Dezenas de milhares de iugoslavos foram obrigados a encontrar emprego como "trabalhadores convidados" na Alemanha ocidental, na Suíça e em outros países. A produção industrial, que alcançara um crescimento de mais de 7% no fim da década de 1960, despencou para menos de 3% na década de 1980 e -10% em 1990. O "pacote de ajuda financeira" do FMI e do Banco Mundial permitiu um influxo de importações e uma entrada irrestrita de capitais estrangeiros, levando à queda ainda mais acentuada da produção. As transferências de pagamentos de Belgrado para as repúblicas foram congeladas, mais uma vez solapando a estrutura fiscal federal.[5] A drástica depressão econômica provocada pela reestruturação do FMI contribuiu, por sua vez, para fomentar os conflitos étnicos e os movimentos separatistas que se seguiriam.[6]

Em 1991, os credores internacionais tinham assumido o controle da política monetária. Os bancos estatais da Iugoslávia foram desmantelados e o governo federal não tinha mais acesso ao seu próprio Banco Central. O economista Michel Chossudovsky assinala que o país "foi retalhado sob estrito controle dos credores externos, tendo sua dívida externa cuidadosamente dividida e alocada às repúblicas, cada uma das quais ficava agora comprometida com décadas de pagamento de dívidas".[7] Com algumas poucas medidas, os credores internacionais ajudaram a desmembrar a RFI e a dar uma "gravata" nas repúblicas recém-tornadas "independentes".

Em todo esse processo, a República da Sérvia se revelaria particularmente incômoda. O governo da Sérvia rejeitou os programas de austeridade aceitos pelo governo federal (na época com um presidente conservador). Cerca de 650 mil trabalhadores sérvios entraram em greve e promoveram protestos, contando em muitos casos com a adesão de trabalhadores de outras etnias, entre eles croatas, muçulmanos bósnios, romas e eslovenos.[8] Na década de 1990, a federação iugoslava ainda existente (Sérvia e Montenegro) continuou se mostrando refratária, recusando-se a produzir essencialmente para exportar e a privatizar completamente a economia. Ainda em 1999, mais de três quartos de sua indústria básica continuavam de propriedade pública.[9] Do ponto de vista dos livres-marqueteiros ocidentais, essas empresas tinham de ser privatizadas ou extintas. Uma campanha de destruição maciça mediante bombardeios aéreos, como a que vitimara o Iraque, podia ser exatamente o que se precisava para fazer Belgrado se alinhar melhor com a Nova Ordem Mundial.

LIMPEZA INSUFICIENTE

Vestígios do passado comunista de Belgrado podem ser encontrados nas muitas ruas e prédios que levam nomes de dirigentes comunistas e membros do partido na época da guerra. Uma das principais avenidas é o "Bulevar da Revolução"; há também um "Bulevar Lênin" e uma "Rodovia da Fraternidade e da União". Lendo as inscrições nessas placas, pensei com meus botões que os dirigentes americanos certamente não deixarão o país em paz até que esses nomes sejam mudados para "Avenida FMI" e "Estrada J.P. Morgan", ou pelo menos passem a homenagear santos ortodoxos ou heróis militares reacionários de outros tempos.[10]

3

DIVIDIR PARA CONQUISTAR

Há quem considere que a força motora por trás do conflito iugoslavo não foi uma questão de classe, mas sim o nacionalismo. O que significa presumir que classe e etnia são fatores mutuamente excludentes. Na verdade, as inimizades étnicas podem ser mobilizadas para atender a interesses de classe, como a CIA tentou fazer com povos indígenas na Indochina e na Nicarágua — e mais recentemente na Bósnia e em Kosovo. Um dos grandes engodos da política ocidental, observa Joan Phillips, é que "os principais responsáveis pelo derramamento de sangue na Iugoslávia — não os sérvios nem os croatas ou os muçulmanos, mas as potências ocidentais — são apresentados como salvadores".[1]

Ao mesmo tempo em que fingem trabalhar pela harmonia, os dirigentes americanos têm apoiado a "autodeterminação" na Eslovênia, na Croácia, na Bósnia-Herzegovina, em Kosovo, Montenegro e na Voivodina. "Autodeterminação" tem significado fim do multiculturalismo étnico, monopolização forçada de territórios por este ou aquele grupo nacional e subversão da soberania iugoslava. Iniciativas legítimas de autopreservação tomadas pela RFI agora são estigmatizadas como atos criminosos. O exército iugoslavo não era mais um instrumento legal de defesa nacional, mas um agressor, uma ameaça à independência de "novas nações".

Quando diferentes grupos nacionais convivem com certo grau de segurança social e material, eles tendem a se dar bem. Há nesses casos mistura e até casamentos mistos. Misha Glenny, que atribui a crise iugoslava quase inteiramente a inimizades étnicas, admite, contudo, que antes de maio de 1991 croatas e sérvios viviam juntos em relativa tranquilidade, vivenciando no cotidiano amizades em diferentes regiões que seriam posteriormente "tão terrivelmente devastadas". Apesar da consciência de que a Iugoslávia entrava em águas turbulentas, ninguém podia prever nem mesmo em suas fantasias mais extravagantes que cidades seriam arrasadas e que haveria matanças entre croatas e sérvios. Também na Bósnia havia "grande número de muçulmanos, particularmente intelectuais em Sarajevo, que se recusavam a abrir mão da ideia da Iugoslávia. Eles acreditavam sinceramente, e com toda lógica, que a caótica mistura de eslavos e não eslavos no território do que era a Iugoslávia obrigava todos a conviver".[2]

Mas à medida que a economia é apanhada na espiral descendente da dívida, cada vez mais estreita, com cortes financeiros e crescente desemprego, fica mais fácil provocar conflitos fratricidas, pois as diferentes nacionalidades começam a competir mais furiosamente que nunca por uma fatia da torta cada vez menor. E uma vez desencadeado o derramamento de sangue, o ciclo de vingança e retaliação ganha impulso próprio. Para apressar a desarrumação da Iugoslávia, as potências ocidentais forneceram aos elementos locais mais retrógrados, violentos e separatistas todas as vantagens em termos de dinheiro, organização, propaganda, armas e capangas de aluguel, com apoio de todo o poderio do Estado de segurança nacional americano. Mais uma vez os Bálcãs seriam balcanizados.

Foram supostamente atrocidades cometidas pelos sérvios no período de 1991-1995 que exigiram uma intervenção ocidental. Na verdade, antes dessa época as potências ocidentais já estavam profundamente envolvidas na incitação da guerra civil e da secessão na RFI. Um dos primeiros — e mais ativos — patrocinadores da secessão foi a Alemanha, que já em 1991 pregava abertamente o desmembramento da Iugoslávia, e muito antes encorajava e estimulava a Eslovênia e a Croácia de todas as maneiras. A política oficial de Washington era apoiar a unidade iugoslava ao mesmo tempo em que impunha a privatização, a terapia de choque do FMI e o pagamento da dívida, na verdade apoiando a Iugoslávia da boca para fora e solapando-a nos atos. O governo Bush manifestou a preocupação de que a Alemanha estivesse "saindo à frente dos EUA" com seu apoio à secessão croata, mas os Estados Unidos pouco fizeram para impedir as iniciativas alemãs.[3] E em janeiro de 1992 os Estados Unidos se haviam tornado um promotor ativo da dissolução da Iugoslávia.

A intenção de Washington de solapar o governo socialista da Iugoslávia de uma forma ou de outra não é matéria de especulação, mas de conhecimento público. Já em 1984 o governo Reagan baixava a Diretiva 133 de Segurança Nacional intitulada "Política dos Estados Unidos para a Iugoslávia", qualificada como "confidencial". Uma versão censurada desse documento foi divulgada anos depois. Ele seguia de perto os objetivos expostos numa diretiva anterior sobre a Europa Oriental, que recomendava uma "revolução silenciosa" para derrubar governos comunistas, ao mesmo tempo "integrando os países da Europa Oriental à órbita do mercado [capitalista] mundial".[4] As "reformas" econômicas adotadas na Iugoslávia sob pressão do FMI e outros credores estrangeiros determinavam que todas as empresas de propriedade social e todas as unidades produtivas geridas por trabalhadores fossem transformadas em empreendimentos capitalistas privados.

Washington ameaçou cortar toda ajuda se a Iugoslávia não realizasse eleições em 1990, estipulando que essas eleições deviam ser conduzidas exclusivamente nas diferentes repúblicas, e não em nível federal. Dirigentes americanos — valendo-se da Fundação Nacional para a Democracia (National Endowment for Democracy), de várias fachadas da CIA e de outras agências — canalizaram dinheiro para financiar a campanha e assistência técnica para grupos políticos separatistas conservadores, apresentados nos meios de comunicação americanos como "pró-ocidentais" e "oposição democrática". Gastando muito mais que os adversários, esses partidos obtiveram vantagem eleitoral em todas as repúblicas, exceto Sérvia e Montenegro.

À medida que as condições econômicas na RFI iam de mal a pior, o governo da República da Eslovênia optou pela "desassociação" e por uma confederação mais frouxa. Em 1989, a Eslovênia fechou suas fronteiras e proibiu manifestações de cidadãos que se opunham a esses passos rumo à secessão.[5]

LIBERDADE PARA O TEXAS!
LIBERDADE PARA A CÓRSEGA!

Em visita a Belgrado depois dos bombardeios de 1999, vi por toda a cidade grafites denunciando a OTAN, os Estados Unidos e Bill Clinton nos termos mais duros. O "N" de OTAN muitas vezes era representado em forma de suástica. Mais de uma vez me deparei com "Liberdade para o Texas" rabiscado nos muros. Um cidadão me explicou que o Texas tem uma grande população de mexicanos e descendentes de mexicanos, muitos sofrendo formas mais graves de discriminação cultural e privação econômica que os albaneses de Kosovo. A Iugoslávia e outros países não deviam então fazer o possível para transformar o Texas em uma entidade política separada para os mexicanos oprimidos? A mesma lógica se aplicava aos grafites "Liberdade para a Córsega" rabiscados por iugoslavos indignados do centro cultural francês, atingido durante os bombardeios da OTAN, assim como os centros culturais americano e britânico.[6]

Outras iniciativas americanas para fragmentar a Iugoslávia ocorreram quando o governo Bush pressionou o Congresso a aprovar a Lei Orçamentária de Operações no Exterior de 1991. Essa lei previa ajuda apenas para as repúblicas separadamente, e não para o governo iugoslavo, contribuindo para debilitar ainda mais os vínculos federais. Carregamentos de armas e assessores militares eram enviados às repúblicas separatistas da Eslovênia e da Croácia, vindos em especial da Alemanha e da Áustria. Instrutores alemães chegaram inclusive a entrar em combate contra o Exército Popular da Iugoslávia.[7]

Ainda em 1991, a Comunidade Europeia promoveu, com envolvimento americano, uma conferência sobre a Iugoslávia que preconizava "repúblicas soberanas e independentes". Como insulto final, a Iugoslávia foi excluída dos encontros da conferência e teve negado o direito de decidir sobre seu próprio destino, num ato que redundava em pura e simples negação da sua soberania por parte das potências ocidentais. Anos antes do início das hostilidades entre os diferentes grupos nacionais na Iugoslávia, portanto, as grandes potências e os interesses financeiros já tomavam medidas para desestabilizar o governo de Belgrado e a economia nacional. A austeridade imposta pelo FMI causou uma queda acentuada do padrão de vida, o que, por sua vez, corroeu os direitos e garantias com que a população contava. Com uma economia cambaleando em consequência da terapia de choque neoliberal, as receitas do governo central diminuíram, ao passo que a carga tributária aumentava.

As repúblicas mais prósperas, a Croácia e a Eslovênia, resistiam cada vez mais à necessidade de subsidiar as mais pobres. À medida que o governo federal se enfraquecia, as forças centrífugas se tornavam mais arrojadas. Em junho desse mesmo ano, a Eslovênia e a Croácia declararam independência (a Croácia, um dia antes da Eslovênia). O governo alemão e o Vaticano se apressaram em reconhecer as duas repúblicas separatistas como Estados independentes.

O autoproclamado Distrito Autônomo Sérvio de Krajina anunciou a intenção de permanecer na RFI. Se a Croácia se separasse da Iugoslávia, Krajina se separaria da Croácia.[8] (O que sugere um paralelo com a Guerra Civil americana. Quando a Virgínia se separou dos Estados Unidos, a região noroeste do estado se separou da Virgínia para formar a Virgínia Ocidental, assim se mantendo leal à União.) Os sérvios da Bósnia também votaram em maioria esmagadora, em referendo próprio, para permanecer na RFI — o que foi ignorado pelo Ocidente. Era evidente que o "direito de autodeterminação" não se aplicava a eles. Os movimentos separatistas na Eslovênia, na Croácia e na Bósnia revitalizaram o sonho dos nacionalistas sérvios de constituir um Estado-nação próprio, fomentado pelos que acreditavam que a autodeterminação cabe às nacionalidades étnicas, e não a repúblicas ou federações.[9] Muitos sérvios, contudo, continuaram a se considerar iugoslavos.

Na Eslovênia, com sua população relativamente homogênea e a localização mais ocidental, a secessão gerou conflitos armados apenas por um breve momento, na chamada "guerra dos dez dias" entre as milícias eslovenas e o exército iugoslavo. Mas a independência rapidamente conquistada pela Eslovênia foi a cisão que afinal forçou o colapso da antiga Iugoslávia, estimulando fortemente os nacionalistas da Croácia, da Macedônia e da Bósnia a seguirem o exemplo.

Para a Croácia, a secessão foi mais difícil. Os combates entre croatas e a grande população sérvia que há séculos vivia na Croácia chegaram a níveis intensivos e duraram vários anos. No início de agosto de 1995, forças croatas lançaram a ofensiva mais sangrenta da guerra, rompendo as defesas sérvias em Krajina, matando milhares de civis sérvios e obrigando 225 mil deles a fugir. Essa operação contou com a participação ativa das potências ocidentais. No mês anterior, o secretário de Estado americano, Warren Christopher, autorizou uma ação militar croata contra os sérvios em Krajina e na Bósnia. Dois dias depois, o embaixador americano na Croácia, Peter Galbraith, também aprovou o plano de invasão. Aviões dos EUA e da OTAN destruíram radares e defesas antiaéreas dos sérvios e obstruíram as comunicações militares sérvias, deixando o espaço aéreo desimpedido para que a aviação croata, treinada e financiada pelos países ocidentais, bombardeasse as defesas sérvias e metralhasse colunas de refugiados. Refugiados civis sérvios que se viram imobilizados na Bósnia foram massacrados pelas artilharias croata e muçulmana.[10] Segundo o jornal londrino *The Independent*, "o rearmamento e treinamento de forças croatas em preparação para a atual ofensiva faz parte de uma clássica operação da CIA: provavelmente a mais ambiciosa operação desse tipo desde o fim da guerra no Vietnã".[11]

Em 1992, a república no extremo sul da Iugoslávia, a Macedônia, com uma população de 1,5 milhão de eslavos e uma grande minoria de albaneses, além de uma economia relativamente menos desenvolvida que as das repúblicas irmãs e desprovida de forças armadas, declarou sua independência. Estimulada pelo apoio americano, essa independência pode não ser muito efetiva, considerando-se a presença de tropas americanas que a Macedônia teve de aceitar.

Na Bósnia-Herzegovina, tiveram início combates entre sérvios, muçulmanos e croatas depois que esses dois últimos grupos votaram por se separar da Iugoslávia. Nenhuma nacionalidade representava uma maioria considerável na Bósnia. Os muçulmanos eram 41% da população, os sérvios, 32% e os croatas, 17%. E havia cerca de 326 mil cidadãos bósnios, muitos gerados por casamentos mistos, que continuavam a se considerar exclusivamente iugoslavos, e não membros de algum grupo étnico ou religioso distinto. Parecia que a maioria da população da Bósnia não apoiava a criação de uma república separada.[12]

Ainda assim, os Estados Unidos e a Alemanha forneceram ajuda material vital às forças separatistas da Croácia e da Bósnia. Ficou registrada a declaração de um oficial do exército iugoslavo: "O armamento croata era invariavelmente superior ao nosso. Eles tinham armas alemãs excepcionais para seus atiradores de elite, que nos mantinham quase permanentemente acuados."[13] Funcionários da CIA e oficiais militares americanos da reserva, contratados pelo Pentágono, treinavam e orientavam unidades armadas de muçulmanos. É público e notório que a CIA insuflou o conflito bósnio. Vejam estas manchetes – o *Guardian* de Manchester, 17 de novembro de 1994: "Agentes da CIA treinam o exército bósnio"; o *Observer* de Londres, 20 de novembro de 1994: "O plano secreto da América para a Bósnia"; o *European*, 25 de novembro de 1994: "Como a CIA ajuda a Bósnia a se defender". Vários anos depois, o *Los Angeles Times* informava que "a unidade da CIA na Bósnia é considerada atualmente uma das maiores da região".[14]

Charles Boyd, ex-subcomandante do comando militar americano na Europa, comentou: "A imagem que a população [da Croácia] em geral tem dessa guerra é de uma inexorável expansão sérvia. Boa parte do que os croatas chamam de 'territórios ocupados' são terras que estão em poder dos sérvios há mais de três séculos. O mesmo se aplica à maior parte das terras dos sérvios na Bósnia — terras a que a mídia ocidental frequentemente se refere como os 70% da Bósnia capturados por rebeldes sérvios. Em suma, os sérvios não estavam tentando conquistar novos territórios, mas simplesmente permanecer em terras que já eram suas."[15] Em consequência da guerra, os bens fundiários dos sérvios na Bósnia foram reduzidos de 65% para 43%.[16] Boyd também denunciou a política americana de aprovar secretamente ofensivas dos muçulmanos que acabaram com o mesmo cessar-fogo que era oficialmente apoiado por Washington. Ao mesmo tempo em que alegavam desejar a paz, conclui Boyd, as autoridades americanas "estimulavam a intensificação da guerra".[17]

Um cessar-fogo foi acertado pelas potências ocidentais em novembro de 1995: os "acordos de Dayton", que garantiam a suserania ocidental sobre uma Bósnia-Herzegovina repartida. A parte maior passou a constituir a Federação Bósnia (muçulmanos e croatas) e um território menor, a Republika Srpska, na qual foram encurralados os sérvios bósnios que não tinham fugido para a Sérvia. Durante todo esse tempo, os dirigentes americanos agiram como se qualquer tentativa da República Federal da Iugoslávia de resistir à secessão fosse uma violação da autodeterminação nacional e das leis internacionais.

Pela constituição da RFI, a vontade de uma maioria republicana não poderia se impor à vontade igualmente válida de uma nacionalidade constituinte. Em outras palavras, o voto croata a favor da independência não podia negar os direitos dos sérvios de Krajina no interior da Croácia. Estes tinham rejeitado o separatismo em sua esmagadora maioria, num referendo próprio. De acordo com os princípios constitucionais da RFI, a independência da Croácia devia ser condicionada a uma resolução satisfatória da reivindicação conflitante de Krajina. O mesmo se aplicava à Bósnia. Tudo isso foi solenemente ignorado pelos dirigentes ocidentais e seus acólitos nos meios de comunicação, para os quais, embora fosse escandaloso que os muçulmanos e croatas tivessem de aceitar a condição de minorias na Iugoslávia, era perfeitamente aceitável que os sérvios tivessem de se conformar com uma situação minoritária muito menos segura na Croácia e na Bósnia.

Quando a RFI enviou ajuda aos sérvios assediados na Bósnia, a iniciativa foi vista como sinal de pretensões expansionistas em nome de uma "Grande Sérvia". Mas quando a Croácia enviou suas forças armadas à Bósnia-Herzegovina "para formar um território croata etnicamente puro conhecido como 'Herceg-Bosna'", a punição não passou de "reprimendas da boca para fora".[18] A mesma duplicidade de juízos seria aplicada mais tarde, respectivamente, aos sérvios e aos albaneses em Kosovo.

Esses atos de secessão estavam de acordo com o direito internacional, como alegavam as potências ocidentais? Na verdade, o reconhecimento da independência eslovena, croata e bósnia pelas potências ocidentais "constituía uma intervenção ilegal nas questões internas da Iugoslávia, à qual Belgrado tinha todo o direito de se opor", argumentam Robert

Tucker e David Hendrickson.[19] Ao mesmo tempo em que dizem defender o direito à autodeterminação na antiga Iugoslávia, as potências ocidentais não reconhecem esse direito a populações de seus próprios territórios. A Grã-Bretanha não aceita o direito de secessão da Escócia, nem a França, da Córsega, ou a Espanha, da Catalunha ou da região basca. Os Estados Unidos não reconhecem o direito de nenhum estado — nem de qualquer unidade política constituinte ou comunidade étnica dentro dos seus limites territoriais — de se separar da União ou, por sinal, de se sobrepor à supremacia do poder federal da maneira que for. O que ficou perfeitamente claro em 1861-1965, quando a secessão da Confederação do Sul foi reprimida pelo uso da força, numa das mais sangrentas guerras do século XIX.

O governo americano não reconhece o direito inato de secessão de Porto Rico, uma "comunidade insular" territorialmente desvinculada da parte continental dos EUA, com população étnica distinta e própria que fala espanhol, e não inglês. Porto Rico é uma possessão colonial adquirida mediante guerra de agressão contra a Espanha um século atrás. Se um dia Porto Rico se tornar independente, será por concessão de Washington, e não pelo exercício de um direito inerente aos porto-riquenhos.

Existe um argumento em favor da secessão, enunciado por Thomas Jefferson na Declaração de Independência dos Estados Unidos: "uma longa série de abusos & usurpações" justifica a desvinculação de um governo intolerável. Entretanto, como assinalam Tucker e Hendrickson, os intervencionistas ocidentais reconheceram a existência de relações mais ou menos equitativas, pacíficas e "quase idílicas" entre sérvios, croatas e muçulmanos bósnios antes das hostilidades. O que vai de encontro à visão de que os muçulmanos estavam submetidos durante muito tempo ao tipo de opressão insuportável que justifica o recurso à revolução. Embora os porta-vozes ocidentais sustentassem que os muçulmanos bósnios tinham todos os motivos para temer continuar vivendo num Estado dominado pelos sérvios (a República Federal da Iugoslávia), reiteradamente presumiam que os sérvios não tinham motivos para temer viver num Estado dominado por muçulmanos e croatas (a Bósnia independente). "Essa suposição é basicamente implausível; e, no entanto, é a suposição implícita da posição do governo americano e do consenso dominante nos Estados Unidos a respeito das origens da guerra [na Bósnia]."[20]

Na época da divisão da Bósnia, o que restava da Iugoslávia — Montenegro e a Sérvia — proclamou uma nova república federal. Mas os dirigentes ocidentais não foram capazes de tolerar nem mesmo essa nação seriamente mutilada. Em 1992, por insistência dos Estados Unidos e outras grandes potências, o Conselho de Segurança da ONU impôs um bloqueio universal a todas as trocas diplomáticas, comerciais, científicas, culturais e esportivas com a Sérvia e Montenegro, configurando as sanções mais abrangentes impostas pelo organismo em sua história. A nova RFI foi suspensa como membro da Conferência sobre Segurança e Cooperação na Europa (CSCE) e expulsa, na prática, das Nações Unidas, ao não ser autorizada a ocupar o assento da antiga república federal.

As sanções tiveram um impacto desastroso na economia já deprimida da Iugoslávia, causando hiperinflação, desemprego de até 70%, desnutrição e um colapso virtual do sistema de saúde.[21] Matérias-primas necessárias para a produção de medicamentos não entravam no país, como tampouco produtos farmacêuticos prontos. Não era mais possível comprar remédios com a moeda local. Os pacientes eram convidados a comprar remédios no mercado negro em troca de moedas fortes, o que não estava ao alcance da maioria. Começaram a ocorrer mortes causadas por doenças perfeitamente curáveis.

Tal como no Iraque, também na Iugoslávia as sanções internacionais infligiram graves sofrimentos a inocentes. John e Karl Mueller escreveram em *Foreign Affairs* que as sanções econômicas poderiam hoje em dia ser consideradas a principal arma de destruição em massa, tendo possivelmente "contribuído para um número de mortes no período posterior ao fim da Guerra Fria maior do que todas as armas de destruição em massa ao longo da história".[22] A população civil não sofre danos acidentais ou colaterais em consequência das sanções; ela é o seu alvo principal.

Em conclusão: quando as chances de sobrevivência se tornam cada vez menos certas, pessoas comuns se atropelam para se salvar, e muitas se transformam em militantes étnicos — ou até em assassinos étnicos. Mas o fato é que as diferenças de nacionalidade por si mesmas não levam inexoravelmente a conflitos armados. Muitos países têm histórias de confrontos internos de natureza étnica, religiosa ou cultural que não evoluíram para guerra declarada ou secessão. No caso da Iugoslávia, devem ser levadas em conta certas condições subjacentes. Que interesses externos exerciam que tipo de poder, a serviço de quem? "Tensões em torno de problemas étnicos, raciais ou históricos", conclui Susan Woodward, "podem levar à violência civil, mas explicar a crise na Iugoslávia como resultado de ódio étnico é virar a história de cabeça para baixo e começar pelo fim."[23]

4

A ESLOVÊNIA EM RELATIVO DESCOMPASSO

A primeira república a se desvincular da antiga Iugoslávia foi a Eslovênia. Frequentemente considerada uma história de sucesso, e mesmo um "milagre econômico", a Eslovênia escapou da hiperinflação que afligiu boa parte da Iugoslávia. Também conseguiu redirecionar o grosso do seu comércio exterior para novos horizontes. Em 1991, às vésperas da independência da Eslovênia, quase dois terços do seu comércio se davam com as outras cinco repúblicas iugoslavas. No fim da mesma década, 70% envolviam a União Europeia. E a renda per capita, de US$10.000, estava próxima dos valores de Portugal e da Grécia. Em 1998, o país desfrutava de um crescimento de 4% no PIB, enquanto a inflação permanecia em um dígito. A moeda eslovena era estável, o orçamento do país, equilibrado, e a dívida pública não era esmagadora. O desemprego, praticamente desconhecido na época socialista, era de 7%, ainda baixo em comparação com a maioria dos países da Europa Oriental, inclusive do resto da Iugoslávia.[1]

Antes de atribuir esse desempenho econômico às maravilhas do livre mercado, cabe observar que a Eslovênia resistiu à maioria das "reformas" drásticas avidamente promovidas pelos livres-marqueteiros. Mal chega à metade a quantidade de empresas estatais que foram privatizadas, e os novos proprietários são sobretudo gerentes e trabalhadores, e não grandes corporações. A transferência de controle de indústrias e terras a proprietários estrangeiros, como ocorrera na Hungria e em outros países, era proibida (pelo menos até 1999). Além disso, os programas de aposentadoria e assistência social continuaram sendo razoavelmente bons. Os salários eram mais altos que na maioria dos países da Europa Oriental. Como o sistema estatal de bem-estar social era generoso e a Eslovênia não se submeteu à terapia de choque do livre mercado, a defasagem entre os pobres e os novos ricos era nitidamente menos drástica.

Considerando-se tudo isso, caberia supor que os dirigentes ocidentais saudariam a Eslovênia pelo bom senso de desenvolver uma economia mista relativamente bem-sucedida e por não se entregar de mãos atadas a uma restauração capitalista desenfreada. Era um país que tomava um caminho algo diferente do esquema corsário de lucro e pilhagem escolhido pela maioria dos antigos países comunistas, e com bons efeitos no padrão de vida da população. Mas era exatamente isso o que incomodava os livres-marqueteiros, cujos objetivos têm muito pouco a ver com o bem-estar de qualquer população e cujo foco é em oportunidades de investimento, mercados de mão de obra barata, acesso fácil a recursos naturais e altos índices de lucro. Foi justamente o sucesso da Eslovênia, sua falta de disposição de tomar o duro caminho neoliberal, que incorreu no desagrado dos grandes investidores. Se a Eslovênia quiser entrar para a União Europeia, advertia a *Economist*, terá de abrir mão de "muitas regras protecionistas e nacionalistas. [...] Está faltando choque na terapia econômica da Eslovênia".[2]

Havia no país outros motivos de irritação para os livres-marqueteiros. A reformulação das empresas era demasiado lenta. Os salários, muito altos, tirando da concorrência as indústrias de salários baixos. Era difícil contratar trabalhadores. Os orçamentos de previdência e bem-estar social precisavam ser "reestruturados" (leia-se: drasticamente reduzidos) — muito embora o déficit orçamentário da Eslovênia fosse relativamente pequeno em comparação com muitos outros países apanhados na armadilha de endividamento do FMI. Era preciso privatizar os bancos, o setor de seguros e as empresas de utilidade pública.[3]

No início de 1999, sob pressão de assessores ocidentais, o governo esloveno aprovou medidas permitindo que estrangeiros detivessem a propriedade de terras e tornando livre a movimentação de capitais.[4] Mas a Eslovênia ainda precisava tomar mais "decisões dolorosas", diziam os críticos ocidentais: menos garantias públicas, mais desemprego para reduzir a renda, salários mais baixos para a maioria e lucros mais altos para alguns poucos; em outras palavras: a terceiro-mundização.

Em 2000, o país era governado por uma coalizão dos liberais-democratas (de centro) com o Partido do Povo (populista). O governo se mostrava ávido por aderir à UE e à OTAN. Mas o interesse da população em entrar para a UE caiu de 80% para 60% em 1999, à medida que se tornavam claros os sacrifícios necessários para "melhorar" o desempenho econômico — não para a própria população, mas para os investidores ocidentais.

MAIS UMA VITÓRIA DO *POP*

Uma das "reformas" de livre mercado em andamento na Eslovênia, como se poderia esperar, foi o imperialismo cultural. Em 2000, o país já estava inundado de filmes, música e programas de televisão americanos — afogando eventuais manifestações da cultura eslovena. Em sintonia com a ocidentalização, a Eslovênia também assistia a um aumento acentuado da criminalidade juvenil. Uma eslovena que se identificou como "pesquisadora social" formada pela Universidade de Colorado comentou: "Queremos formar cidadãos eslovenos dispostos a cuidar de outros cidadãos eslovenos, e não apenas interessados em vender a alma a Beverly Hills."[5] É possível que ela e seus compatriotas nunca tenham essa oportunidade.

Em meados de 2000, o futuro da nova república não parecia muito promissor. Quando as muralhas protecionistas da Eslovênia forem completamente derrubadas pelas forças do livre mercado e da globalização, será apenas uma questão de tempo para que suas terras — que não são assim tão extensas nem caras — sejam compradas por alguns poucos cartéis gigantes. Isso poderia significar o fim do sucesso do país em matéria de exportações agrícolas. Além disso, uma vez integrada à UE, a Eslovênia será menos capaz de se proteger do *dumping* corporativo transnacional. Os mercados eslovenos não pertencerão mais aos produtores eslovenos, e os índices de subemprego aumentarão.[6]

Com o recuo da economia, é provável que muitos eslovenos mais jovens, no auge dos anos de produtividade, emigrem em busca de horizontes mais promissores, como aconteceu em outros países submetidos a esse processo de terceiro-mundização. Essa fuga de cérebros, por sua vez, terá como efeito diminuir ainda mais a produtividade interna, o que só serve para gerar um estímulo ainda maior à emigração. Com o tempo, a Eslovênia pode começar a perder produção, mercados e a própria população, como já vem acontecendo na Croácia, na Bósnia, na Rússia e em meia dúzia de outros países. Essa variante da terceiro-mundização na Europa Oriental é aparentemente o que os antigos aliados da Eslovênia no Ocidente têm em mente quando falam de um "programa de reformas mais abrangente".

5

CROÁCIA: NOVA REPÚBLICA, VELHOS REACIONÁRIOS

Depois de se desvincular da República Federal da Iugoslávia, a Croácia foi governada na maior parte da década de 1990 pelo homem da hora escolhido pela Casa Branca, o presidente Franjo Tuđman, e seu partido, a União Democrática Croata (HDZ, "o partido de todos os croatas do mundo"). Um exame atento do histórico de Tuđman não é exatamente reconfortante. Num livro que escreveu em 1989, *Desertos da verdade histórica*, ele afirmava que "o estabelecimento da nova ordem europeia de Hitler pode ser justificado pela necessidade de descartar os judeus", e que apenas novecentos mil judeus, e não seis milhões, foram mortos no Holocausto. "O genocídio é um fenômeno natural", escreveu Tuđman, "em harmonia com a natureza divina sociológica e mitológica. O genocídio não é apenas permitido, é recomendado e até ordenado pela palavra do Todo-Poderoso, sempre que for útil para a sobrevivência ou a restauração do reino da nação escolhida, ou para a preservação e a disseminação de sua fé, a única correta" (sendo esta, para Tuđman, o catolicismo romano). O papa João Paulo II, que nunca tinha uma palavra dura para os autocratas de direita, apoiou com entusiasmo a independência da Croácia sob a liderança do HDZ.

Durante a Segunda Guerra Mundial, a organização fascista croata, o Ustashe (Movimento Revolucionário Croata), colaborou ativamente com os nazistas, assim como a maioria dos integrantes da hierarquia católica pró-fascista do país, sob a liderança do arcebispo Aloysius Stepinac, mais tarde promovido a cardeal pelo Vaticano. Stepinac foi designado pela Santa Sé como capelão das forças armadas do Ustashe. Em um brinde a Adolf Hitler, ele prestou homenagem calorosa ao sangue, ao solo nativo e ao amor ao povo, concluindo: "Aqui é fácil ver a mão de Deus em ação."[1]

Entre 1941 e 1945, a Croácia foi um Estado nazista combatendo ao lado do Eixo, oficialmente em guerra contra os Aliados (o país declarou guerra aos Estados Unidos em 12 de dezembro de 1941). Proporcionalmente, a Croácia tinha mais homens armados que qualquer outro país do Eixo, com 160 mil soldados de linha, 75 mil milicianos ustashas e 15 mil policiais auxiliares. Além das próprias unidades, a Croácia forneceu mais voluntários para o exército alemão que qualquer outro país europeu dominado pelos nazistas: cinco divisões completas, três da Wehrmacht e duas das Waffen SS, além de uma "Legião Croata" de sete mil voluntários na frente russa e uma unidade antiaérea de quinhentos homens servindo na Áustria.

O Ustashe administrava o famigerado campo da morte de Jasenovac, um dos maiores da Europa, conhecido como o Auschwitz dos Bálcãs. Seus membros foram responsáveis pelo massacre de cerca de 750 mil sérvios, 45 mil judeus e pelo menos 26 mil romas, tendo cometido atos de mutilação e tortura que em alguns casos teriam sido considerados excessivos até por seus chefes alemães.[2] Com poucas exceções, os carrascos, torturadores, estupradores e assassinos ustashas não foram levados aos tribunais. Imediatamente depois da Segunda Guerra Mundial, milhares deles fugiram para a Áustria e a Itália, seguidos de cerca de quinhentos integrantes do clero católico croata, inclusive dois bispos. "Caminhões de ouro e tesouros valiosos foram levados nesse gigantesco êxodo", informa um autor católico francês.[3] Milhões de dólares em bens, roubados dos mortos nos campos de concentração, foram contrabandeados da Croácia, sequestrados pelo Vaticano e em grande parte distribuídos posteriormente para outros destinos, como poderiam solicitar antigos membros do Ustashe. Em 2000, processos judiciais foram movidos por sérvios, judeus, romas e outros contra o Vaticano, na tentativa de recuperar bens roubados.[4]

Depois da guerra, os líderes ustashas mais notórios, Ante Pavelić e Andrija Artuković, se esconderam em conventos austríacos. Ambos seriam afinal detidos pelas forças britânicas de ocupação, mas logo foram libertados, graças a intervenções misteriosas. Pavelić foi parar na Argentina e Artuković, na Califórnia, onde viveu e prosperou durante 38 anos, até ser extraditado em 1986; morreu de causas naturais numa prisão da Iugoslávia em janeiro de 1998. Outros nazistas ustashas, ajudados por centros clericais católicos na Europa e nos Estados Unidos, receberam cartões de identificação falsos e puderam circular livremente no mundo ocidental. Muitos se mantiveram ativos em diferentes comunidades de exilados, publicando jornais, panfletos e memórias de conteúdo invariavelmente antissemita e cripto-fascista.[5] Como se poderia esperar, Tuđman fazia abertamente o elogio do Ustashe da Segunda Guerra Mundial como um grupo de combatentes patrióticos pela independência, insistindo que apenas trinta mil pessoas morreram no campo de concentração de Jasenovac.

Entre 1991 e 1995, o exército da recém-proclamada República da Croácia realizou suas próprias operações de limpeza étnica, com direito a estupros, execuções sumárias e bombardeios indiscriminados, expulsando mais de meio milhão de sérvios de suas terras ancestrais na Croácia — entre eles, segundo se estima, 225 mil sérvios de Krajina em agosto de 1995, durante a chamada "Operação Tempestade".[6] A resistência dos sérvios de Krajina foi vencida com a ajuda de aviões e mísseis da OTAN. "Resolvemos a questão sérvia", vociferou Tuđman em discurso aos seus generais em dezembro de 1998.[7]

O governo croata, formado com a ajuda das armas da OTAN, deu à nova moeda do país o nome de *kuna*, o mesmo da moeda que era usada no Estado ustasha. O governo de Tuđman também adotou as insígnias em forma de tabuleiro de xadrez do Ustashe para a nova bandeira e os uniformes militares. Os seguidores do HDZ alegavam que o emblema em forma de tabuleiro já era um símbolo croata séculos antes de ser usado pelo Ustashe. Para muitos sérvios, judeus e outros, contudo, continuava sendo um símbolo quase tão detestável quanto a suástica, e sua adoção pela nova república revelava uma terrível insensibilidade em relação ao passado nazista da Croácia.[8]

Além disso, os manuais escolares da Croácia foram reescritos para minimizar toda perspectiva crítica e antifascista, e as bibliotecas foram expurgadas de volumes considerados politicamente incorretos pelo governo. Milhares de exemplares da enciclopédia iugoslava foram queimados. A Praça das Vítimas do Fascismo em Zagreb foi rebatizada. Muitas ruas receberam nomes de líderes nacionalistas da Segunda Guerra Mundial simpáticos ao fascismo, entre eles Mile Budak, um dos fundadores do fascismo croata, que assinou as leis raciais do regime contra sérvios, judeus e romas. Foi Budak o responsável pela política oficial que consistia em expulsar um terço dos sérvios, converter um terço e matar um terço. Mais de três mil monumentos antifascistas foram destruídos, entre eles o do campo de extermínio de Jasenovac.[9]

Tuđman nomeou para cargos governamentais antigos líderes do Ustashe que colaboraram com os nazistas. Vinko Nikolić ganhou um assento no parlamento ao retornar à Croácia. Mate Šarlija foi feito general do exército. E o ex-comandante do Ustashe em Dubrovnik, Ivo Rojnica, quase foi nomeado embaixador na Argentina, mas Tuđman teve de voltar atrás por causa da reação internacional negativa.[10]

O ódio aos sérvios era mais que evidente durante o reinado de Tuđman, ao passo que o antissemitismo era mal disfarçado. Dunja Sprac, um judeu croata que trabalhava com refugiados, comentou que a classe dirigente croata gostava de fingir "que gosta dos judeus e quer nos ajudar. Mas é tão evidente... [...] Eu vejo todos esses símbolos terríveis e repugnantes, os artigos de jornal cheios de mentiras e as ruas e praças sendo rebatizadas. O país está passando por um período de grande pobreza, não só economicamente, mas do ponto de vista ético. Fico aterrorizado".[11] Às vezes os ataques aos judeus eram flagrantes, como, por exemplo, quando o jornal pró-governamental *Večernji List* publicava comentários assim: "O judeu Soros está usando o judeu Puhovski para intervir na Croácia".[12] Com o racismo, era igual, como em abril de 1994, quando o governo determinou que todos os soldados "não brancos" da ONU fossem retirados da Croácia, alegando que só "militares do primeiro mundo" estariam suficientemente sensibilizados para os problemas do país.[13]

JUSTIÇA AO ESTILO USTASHA

Um dos comandantes do campo de concentração de Jasenovac, Dinko Šakić, que viveu abertamente na Argentina durante meio século com o próprio nome, recebeu uma visita de cortesia de Tuđman em 1995. Šakić disse a um jornalista croata que se orgulhava de seus atos na época da guerra e lamentava que mais sérvios não tivessem morrido em Jasenovac. Ele seria posteriormente deportado para a Croácia, sendo indiciado no início de 1999. O presidente Tuđman admitiu francamente que o indiciamento só ocorreu por causa das pressões externas. Ao ter início o julgamento de Šakić, muitas das testemunhas, que inicialmente diziam tê-lo visto supervisionando sessões de tortura e execuções em Jasenovac, subitamente deixaram de se lembrar de qualquer fato comprometedor. Questionadas posteriormente, algumas admitiram ter alterado o depoimento depois de receberem ameaças de morte anônimas.[14]

A Organização para a Segurança e a Cooperação na Europa (OSCE), que congrega cerca de cinquenta países, entre eles os Estados Unidos, tomou para si a missão de supervisionar o desenvolvimento da democracia nos antigos países comunistas. Em março de 1999, ela informava: "Não tem havido progresso em matéria de direitos humanos, direitos das minorias e Estado de direito" na Croácia. Segundo Raymond Bonner, escrevendo no *New York Times*, o relatório da OSCE era "surpreendente pela falta de circunlóquios diplomáticos [e pelos] detalhes comprometedores sobre a repressão dos meios de comunicação por parte do governo croata, sua falta de cooperação com o [Tribunal Penal Internacional para a Antiga Iugoslávia (ICTY)], com sede em Haia, e sobretudo o tratamento hostil por ele dispensado aos cidadãos de etnia sérvia".[15]

Tuđman e seus seguidores do HDZ impuseram pesadas restrições aos meios de comunicação, muito mais rigorosas que as aplicadas por

Slobodan Milošević no que restava da Iugoslávia. Quem criticasse abertamente o governo corria o risco de sofrer algum tipo de retaliação. A televisão croata, principal fonte de notícias, "foi mantida sob controle político do partido governante", segundo o relatório da OSCE, que também observava que os programas de TV eram marcados por "discurso de ódio". O governo Tuđman baixou uma série de decretos proibindo que a mídia usasse certos termos políticos e obrigando-a a se referir aos sérvios exclusivamente como "terroristas sérvios" e ao Exército Popular da Iugoslávia como "exército de ocupação servo-comunista", segundo Susan Woodward. Os intelectuais urbanos cuja identidade política não fosse étnica, mas ideológica (como liberais ou social-democratas) eram publicamente instruídos a se identificarem como croatas ou sérvios.[16]

Sob o domínio do HDZ, os cidadãos que não fossem de etnia croata não conseguiam emprego e tinham de pagar impostos confiscatórios sobre a propriedade. O clero ortodoxo oriental era ameaçado e suas igrejas eram vandalizadas. Os sérvios que continuassem vivendo na Croácia eram ameaçados, agredidos e não contavam efetivamente com proteção policial. Seus líderes eram detidos sem motivo. E persistia um movimento para "purificar" a língua servo-croata, eliminando palavras sérvias e proibindo o uso de caracteres cirílicos.[17]

Apesar da rapidez com que identificavam injustiças cometidas por sérvios, os dirigentes americanos nunca se preocupavam muito com abusos de direitos humanos cometidos pelo regime do HDZ na Croácia. Só em fevereiro de 1999 o Departamento de Estado americano publicou um relatório considerando a Croácia "nominalmente democrática", mas "na realidade autoritária". Um comportamento assim é emblemático da hipocrisia da política dos EUA nos Bálcãs (e em outras partes do mundo). A secretária de Estado Madeleine Albright visitou Zagreb e entregou a Tuđman uma mensagem supostamente "dura" sobre a necessidade de se mostrar mais democrático no tratamento da população e mais receptivo aos refugiados servo-croatas. Mas, ao voltar a Washington, ela enviou a Tuđman, em caráter privado, uma carta amistosa que lhe agradou tanto que ele rapidamente tratou de vazá-la para a imprensa. Um jornal croata disse que a carta tinha "gosto de pedido de desculpas".[18]

Tuđman morreu no cargo em dezembro de 1999, em seu segundo mandato como presidente. Deixou um legado de autoritarismo, injustiça, desemprego de pelo menos 20% e condições econômicas que até o *New York Times* considerava "miseráveis". "Embora alguns poucos no topo da pirâmide, os aliados políticos do Sr. Tuđman e do partido governante, tenham obtido fortunas fabulosas, exibindo-as em carros de luxo e roupas caras", a pobreza é generalizada nas camadas inferiores, tendo sido a classe média reduzida a uma condição de crescente penúria.[19] Um líder da oposição criticou Tuđman por ter causado "mais danos do que bem à Croácia", gerando "corrupção generalizada [e] instituições de Estado inoperantes".[20]

As coisas eram ainda piores para os milhares de sérvios que permaneceram na Croácia, especialmente os mais velhos. Muitos viviam em condições chocantes, segundo Alice Mahon, uma parlamentar britânica que visitou o país. Os sérvios sofriam discriminação na assistência de saúde, na educação e no emprego, constatou ela. Enquanto as casas ocupadas por croatas eram beneficiadas com financiamentos integrais para a reconstrução, os sérvios não conseguiam ajuda para reconstruir suas residências destruídas.[21]

Para a manutenção de um Estado injusto e disfuncional, Tuđman contava com toda ajuda dos interesses financeiros internacionais. Em virtude de um acordo de 1993 com o FMI, o governo croata não podia se valer da política fiscal ou monetária para mobilizar seus recursos produtivos. Os profundos cortes orçamentários determinados pela reestruturação do FMI impediam investimentos e produção de iniciativa croata. Os programas de desenvolvimento do governo só podiam ser levados adiante com a obtenção de novos empréstimos externos, que alimentariam a dívida já considerável da Croácia pelas próximas gerações.[22]

No início de janeiro de 2000, o apoio ao HDZ sofreu uma queda dramática e o partido teve de deixar o poder, ocupado então por uma coalizão centrista que, embora prometesse acabar com as manifestações mais graves de corrupção e abuso do HDZ,[23] não tinha muita probabilidade de fazer grande coisa para livrar a Croácia das garras financeiras de seus "libertadores" ocidentais.

6

BÓSNIA: NOVAS COLÔNIAS

A Bósnia-Herzegovina representa outro episódio infeliz da campanha ocidental para desmembrar a Iugoslávia. Depois de uma prolongada luta armada entre croatas, muçulmanos e sérvios — paralelamente a bombardeios da OTAN que contribuíram para romper as defesas sérvias em 1995 —, a Bósnia-Herzegovina foi dividida em duas novas "repúblicas": a Federação Muçulmano-Croata da Bósnia e a Republika Srpska (República Sérvia), formada por sérvios bósnios.

Oficialmente, os Acordos de Dayton, assinados em novembro de 1995, deveriam restaurar um governo autônomo na Bósnia com base na reconciliação nacional. Na realidade, Dayton integrou às constituições das novas "repúblicas" bósnias algo que consistia numa administração colonial. Um "alto representante", cidadão não bósnio, foi nomeado pelos Estados Unidos e a União Europeia, gozando de total autoridade executiva tanto sobre a Federação Muçulmano-Croata como sobre a Republika Srpska. Agindo como ditador colonial, ele tinha poderes para derrubar leis aprovadas por qualquer um dos dois governos. Podia até afastar de cargos públicos aqueles que incorressem em seu desagrado. Na prática, a Bósnia foi privada de soberania econômica e política e submetida a uma regência do FMI e da OTAN. Com uma "supervisão" internacional dessa natureza, as eleições se transformaram em pouco mais que pesquisas de opinião extremamente elaboradas.[1]

Tanto na Croácia como na Bósnia, os intervencionistas ocidentais apoiaram indivíduos de histórico gravemente maculado, mas que asseguravam um domínio da direita. Na Bósnia, a escolha recaiu em Alija Izetbegović, que fora membro, durante a Segunda Guerra Mundial, dos Jovens Muçulmanos, organização fundamentalista que pregava uma Bósnia islâmica. Esperando que a vitória do Eixo contribuísse para a sua causa, os Jovens Muçulmanos recrutavam ativamente unidades muçulmanas para a SS. Treinada, equipada e dirigida pelos nazistas, a SS muçulmana cometeu atrocidades contra o movimento de resistência e a população judia na Iugoslávia, contribuindo para preservar a ligação ferroviária entre Auschwitz e os Bálcãs.[2]

Em 1990, Izetbegović concorreu à presidência da Bósnia-Herzegovina e ficou em segundo lugar. Mas conseguiu, com manobras de bastidores, arrancar o cargo do vencedor, Fikret Abdić, membro do seu próprio partido. Como a Constituição estipulava a rotação anual da presidência, Abdić não protestou muito, na expectativa de assumir o cargo no ano seguinte. Mas Izetbegović se recusou a cedê-lo, começando a se preparar para a secessão e a guerra. Enquanto isso, Abdić negociava arduamente um acordo de paz. Izetbegović reagiu afastando-o do governo. De volta à região de Bihać, onde era muito popular, Abdić declarou a Província Autônoma da Bósnia Ocidental.

As tropas muçulmanas de Abdić enfrentaram as tropas igualmente muçulmanas de Izetbegović pelo resto da guerra na Bósnia. Abdić assinou acordos de paz e cooperação com os croatas bósnios e os sérvios bósnios. A certa altura, o exército de Izetbegović expulsou as forças de Abdić da região de Bihać, massacrando e detendo centenas de pessoas e provocando o êxodo de outras sessenta mil. Mais tarde, as forças de Abdić, apoiadas pelos sérvios bósnios, conseguiram recuperar terreno, permanecendo no seu controle até os últimos dias da guerra, quando os bombardeios aéreos da OTAN permitiram às tropas de Izetbegović tomar vastos territórios aos sérvios bósnios e a Abdić, mais uma vez provocando um êxodo da população de Bihać. Izetbegović conseguiu que o Tribunal Penal Internacional acusasse Abdić como "criminoso de guerra", o que o impediu de participar de eleições. Depois de sobreviver a várias tentativas de assassinato e temendo pela própria vida, Abdić transferiu-se para a Croácia, onde passou a viver sob uma espécie de prisão domiciliar. Ficou como uma figura que se comportou honrosamente ao longo da guerra, sinceramente interessado em relações pacíficas entre as diferentes nacionalidades. Por esse motivo não recebeu ajuda dos intervencionistas ocidentais, que, pelo contrário, lhe criaram muitos obstáculos.[3]

Os sérvios fizeram advertências de que Izetbegović pretendia transformar a Bósnia num Estado islâmico, acusação descartada como sem fundamento por dirigentes e formadores de opinião dos EUA. Assim foi que o repórter Roger Cohen, do *New York Times*, incansável defensor da política intervencionista americana contra a Iugoslávia, preferiu ver as exortações de Izetbegović ao controle islâmico do governo como simples "tentativa de reconciliar os preceitos do Corão com a organização de um Estado moderno".[4] Na verdade, Izetbegović foi perfeitamente claro quanto a suas intenções, escrevendo que "a sociedade islâmica sem um governo islâmico é incompleta e impotente" e que "a história não conhece um único movimento verdadeiramente islâmico que não tenha sido ao mesmo tempo um movimento político".[5] Ele também pregava estrito controle religioso da imprensa, advertindo que os meios de comunicação não deviam "cair nas mãos de pessoas pervertidas e degeneradas" e que a mesquita e os transmissores de televisão não deviam "mandar mensagens contraditórias ao povo".[6] Até Richard Holbrooke, um dos garantidores do intervencionismo americano escolhidos a dedo pela Casa Branca, observou que Izetbegović recusava em Dayton "qualquer tipo de concessão, até mesmo pequenos gestos de reconciliação". "Apesar de apoiar da boca para fora os princípios de um Estado multiétnico, ele não era o democrata que certos apoiadores no Ocidente viam".[7]

Com sua habitual exatidão, Roger Cohen assegurava aos leitores do *New York Times* que Izetbegović não tinha um exército nem planos de guerra. Na realidade, já em maio de 1991, dez meses antes da declaração de independência que desencadeou o conflito bósnio, o partido de Izetbegović havia montado forças armadas próprias, e logo estaria envolvido, ao lado do exército croata de Tuđman, na conquista de vastas extensões da Bósnia que há gerações eram habitadas quase exclusivamente por sérvios. Como reconheceu Holbrooke, essas ações no oeste da Bósnia geraram "pelo menos cem mil refugiados sérvios".[8]

QUEM QUERIA A PAZ NA BÓSNIA?

"Quando os muçulmanos bósnios, com sua irritabilidade, finalmente chegaram a Dayton, tratavam constantemente de obstruir as negociações e criar obstáculos para os outros. Depois de uma quinzena em Dayton, [Richard] Holbrooke informou ao subsecretário de Estado Warren Christopher que o maior problema enfrentado era 'a imensa dificuldade de realizar negociações sérias com o governo bósnio'. O inflexível Izetbegović jamais demonstrava o menor interesse em alcançar a paz.

Quando as negociações em Dayton chegavam ao fim, Holbrooke mostrou-se profundamente preocupado porque 'mesmo se Milošević fizer mais concessões, os [muçulmanos] bósnios simplesmente aumentam as exigências'. Os representantes ocidentais se perguntavam: Será que Izetbegović quer mesmo um acordo? [...] Ficou evidente que nenhum acordo teria saído de Dayton sem a incansável colaboração de um participante que realmente parecia ansioso por alcançar a paz: Slobodan Milošević. [...] Dayton é uma crônica de concessões feitas por Milošević [...] [que tinha] apenas um objetivo: acabar com o isolamento do seu país."[9]

Pelo acordo de Dayton, a recém-formada Federação Muçulmano-Croata não podia desenvolver recursos próprios nem se dotar de um sistema monetário independente. A Constituição estipulava que o FMI designaria o primeiro governador do Banco Central da Bósnia-Herzegovina, que "não será um cidadão da Bósnia e da Herzegovina nem de qualquer Estado vizinho". O Banco Central não podia promover uma política independente, e tampouco "conceder créditos gerando dinheiro" nos seis primeiros anos. Os empréstimos internacionais não poderiam servir para financiar o desenvolvimento econômico, mas foram usados na mobilização militar de tropas ocidentais na Bósnia, além do pagamento da dívida com os credores internacionais.

Na Bósnia, as potências ocidentais se aproximavam do seu objetivo principal: a privatização e a terceiro-mundização. Os bens públicos da Federação Bósnia, entre eles energia, água, telecomunicações, meios de comunicação e de transporte, foram vendidos a empresas privadas a preços de liquidação.[10] Os serviços essenciais de saúde foram negligenciados e a economia em geral ficou em péssimas condições.[11] Em dezembro de 1996, uma "conferência de implementação da paz" realizada em Londres pelas potências ocidentais levou os dirigentes bósnios a se comprometerem com "a reconstrução da alquebrada economia segundo os princípios da economia de livre mercado, inclusive com significativo grau de privatizações e uma estreita cooperação com o Banco Mundial". Representantes ocidentais na Bósnia criaram uma comissão própria para gerir o processo de privatização e avaliar cada decisão.[12]

Em novembro de 1998, supervisores americanos pressionavam muito pela privatização, ameaçando suspender remessas de milhões de dólares em ajuda à Federação Muçulmano-Croata porque já passara há muito o momento de efetivar uma transição rápida e plena "para uma economia de mercado sustentável", segundo expressão de um porta-voz do governo dos EUA. "Estamos dispostos a cortar projetos, programas, qualquer coisa para que nos deem atenção. [...] [É preciso que haja] muito mais avanços na privatização" e nos investimentos estrangeiros.[13]

O contexto de corrupção generalizada não contribuía para boas perspectivas econômicas na Bósnia. Uma equipe de levantamento de dados enviada pelo deputado americano Benjamin Gilman, presidente da Comissão de Relações Exteriores da Câmara, constatou que grande parte dos 5,1 bilhões de dólares em ajuda internacional encaminhados à Bósnia estava desaparecida. Só num dos dez cantões do país, centenas de milhões de dólares fornecidos à Federação Muçulmana-Croata haviam sido desviados. Gilman solicitou à Casa Branca a criação de uma "equipe de SWAT financeira" para levar adiante a investigação na Bósnia.[14]

Anos depois da guerra, a violência continuava marcando a sociedade bósnia. Muitas comunidades muçulmanas eram assoladas por grupos criminosos envolvidos em "uma campanha de roubos, estupros, assassinatos e mercado negro".[15] A população acusava Izetbegović de fazer muito pouco para acabar com a violência das gangues. Como acontecia na Rússia e em outros países da antiga esfera comunista, a generalização das atividades criminosas funcionava como um instrumento de controle social. As populações intimidadas e desmoralizadas pelos índices altos de criminalidade têm menos chances de se organizar contra a nova classe investidora. As estruturas cívicas insuficientemente financiadas, mal equipadas e destituídas de um poder democrático significativo têm mais chances de cair presas do domínio das gangues, e menos de desafiar a privatização e a pilhagem dos recursos públicos.

Para todos os efeitos, a Bósnia-Herzegovina tornou-se um protetorado colonial do Ocidente. Os funcionários ocidentais impunham a maior parte das políticas fiscais e monetárias. Agentes da inteligência ocidental operavam livremente em toda a sociedade. Os meios de comunicação e o sistema de ensino foram expurgados de todo e qualquer ponto de vista dissidente. Se algum grupo se organizasse e começasse a lutar pela suspensão do pagamento da dívida, pela volta ao socialismo ou por uma total independência da ocupação ocidental, as SFOR, forças de estabilização comandadas pelo OTAN, logo entravam em cena para cuidar dele.

O que existe na Europa e na maior parte do mundo hoje em dia, como observa um articulista do jornal *Le Monde Diplomatique*, é "um agrupamento hierárquico de Estados" no qual

> cada país é mais ou menos favorecido em função do seu alinhamento com os interesses econômicos e de segurança do Ocidente. Estados rebeldes como a Iugoslávia de Milošević serão deixados de fora do novo acordo. O pacto destina-se basicamente a introduzir mecanismos de mercado onde for possível, e não parece difícil prever que muitos dos Estados balcânicos constatarão que esse tipo de reconstrução é tão doloroso quanto a guerra.[16]

Na Bósnia-Herzegovina, as potências ocidentais deixaram de lado formas indiretas de neoimperialismo, optando pelo colonialismo direto. O que ficou mais claramente evidente na Republika Srpska, a parte da Bósnia-Herzegovina entregue aos sérvios bósnios.

7

REPUBLIKA SRPSKA: DEMOCRACIA À MODA OTAN

A Republika Srpska (RS), ou República Sérvia, é a parte menor da Bósnia-Herzegovina entregue aos sérvios bósnios depois da partição. Gregory Elich nos deu um relato excelente e bem documentado do domínio colonialista ocidental imposto à Republika Srpska. As informações que se seguem foram quase todas extraídas do seu trabalho.[1]

O primeiro presidente da RS, Radovan Karadžić, despertou a ira do Ocidente ao propor que as áreas de maioria sérvia da Bósnia fossem autorizadas a permanecer na Iugoslávia em vez de serem forçadas a se separar contra a vontade. Além disso, embora não fizesse parte do sistema comunista de governo anterior, Karadžić nomeou muitos comunistas e esquerdistas para cargos públicos, pois eram os militares mais capazes de que dispunha e compartilhavam dos seus objetivos contrários à separação. As ameaças e pressões diplomáticas do Ocidente o forçaram a deixar o cargo, levando à presidência sua vice, a monarquista de direita Biljana Plavšić. Violando o compromisso com a democracia e a liberdade de expressão que havia proferido, a OTAN ordenou que a Republika Srpska removesse todos os cartazes com a imagem de Karadžić (que passou a ser considerado um criminoso de guerra) e que se evitassem referências a ele em discursos ou na televisão e no rádio. Apesar de ter sido atirado no buraco orwelliano da memória, Karadžić ainda estava foragido e sendo caçado pelos serviços ocidentais de inteligência em 2000.

Na presidência, Plavšić trabalhou em estreita colaboração com as autoridades ocidentais, expurgando o exército da RS de mais de uma centena de oficiais suspeitos de inclinações esquerdistas. Oficiais "esquerdistas" eram aqueles que se mostravam favoráveis a programas sociais coletivistas e contrários à restauração capitalista e aos objetivos dos defensores do livre mercado. Quando esses oficiais resistiam ao afastamento, unidades especiais de polícia entravam em ação contra eles. A Rádio Krajina, estação progressista controlada pelo exército, foi fechada. Comandantes militares da RS acusaram o Ministério do Interior de ter tomado essas medidas "por ordem de mentores estrangeiros".[2]

Contando com o apoio das tropas da OTAN, Plavšić iniciou então expurgos no governo civil, forçando a surpreendente nomeação de Milorad Dodik para o cargo de primeiro-ministro, escolha das mais inusitadas, pois o partido dele detinha apenas dois assentos na Assembleia Popular. Apesar disso, Carlos Westendorp, o "alto representante" da OTAN na Bósnia, imediatamente tratou de elogiar a escolha. Westendorp tinha autoridade para afastar representantes eleitos que não se mostrassem cooperativos e impor soluções aprovadas pelo Ocidente. Numa demonstração ameaçadora de apoio a Dodik, tropas da OTAN foram mobilizadas em torno do Ministério do Interior.

Meses antes, a imprensa sérvia da Bósnia denunciara que Dodik estava "sob ordens diretas do serviço de inteligência dos EUA, a CIA", e alguns deputados da Assembleia da RS alegaram que "ele já viajara várias vezes ao exterior para consultas e para receber instruções diretas". Os pródigos elogios de líderes ocidentais ao até então obscuro Dodik pareciam corroborar a acusação.[3]

Em 1997, violando a Constituição do país, Plavšić dissolveu a Assembleia Popular. Em vez de condenar a violação das regras democráticas, altos funcionários ocidentais apoiaram a iniciativa. Quando a Corte Constitucional da RS considerou a medida inconstitucional, sua decisão simplesmente foi ignorada. Nas palavras do porta-voz do Departamento de Estado americano, James Rubin, "a contestação das iniciativas [de Plavšić] não tem valor legal" e os sérvios que se recusam a atender às exigências ocidentais são "estúpidos". Informações na imprensa iugoslava falavam em transferências de milhões de dólares de fontes americanas secretas para uma conta bancária em nome de Plavšić na Suíça. Muitos integrantes da equipe de Plavšić vinham do exterior e não escondiam suas convicções monarquistas.[4]

Em agosto de 1997, tropas da OTAN começaram a ocupar delegacias de polícia na Republika Srpska, expulsando os policiais e contratando outros, treinados por instrutores ocidentais. O porta-voz da polícia da ONU, Liam McDowall, explicou na ocasião: "Basicamente tivemos de lhes explicar o que se espera de uma força policial normal; *não de uma força policial socialista*."[5] Mais ou menos na mesma época, tropas da OTAN começaram a ocupar estações de rádio e televisão em toda a Republika Srpska, entregando os transmissores a Plavšić. Multidões promoveram protestos e tiveram de enfrentar veículos armados da OTAN, bombas de gás lacrimogêneo e disparos de advertência. O secretário-geral da OTAN, Javier Solana, anunciou que a organização "não hesitará em tomar as medidas necessárias, inclusive recorrendo à força, contra redes ou programas midiáticos" críticos da intervenção ocidental.[6]

DOIS PESOS E DUAS MEDIDAS IMPERIAIS

"Os americanos presumem que os 'princípios democráticos' que pautam a vida nos Estados Unidos (como a Primeira Emenda à Constituição*) deveriam ser aplicados em todos os países em quaisquer circunstâncias. Mas mesmo nos Estados Unidos há lugares aos quais os jornalistas não têm acesso e coisas que não podem escrever, geralmente em nome da 'segurança nacional'. E o nosso governo está sempre mais que disposto a bombardear transmissores de televisão [matando dezesseis iugoslavos, em sua maioria jornalistas] e a censurar os meios de comunicação do nosso

---

* Emenda da constituição dos Estados Unidos que estabelece direitos fundamentais como liberdade de expressão e de religião, entre outros. [Nota da edição brasileira.]

inimigo, justificando-o pela caracterização da mídia sérvia como veículo de propaganda e ferramenta de guerra (como se os meios de comunicação americanos não o fossem) [...] Os jornalistas americanos aparentemente ainda esperam estar sob a proteção da Constituição americana quando se encontram em outro país, e [esperam] que esse país seja mas cooperativo até mesmo que os nossos dirigentes. É o cúmulo do orgulho imperialista."[7]

No outono de 1997, as tropas de "manutenção da paz" da OTAN tinham concluído a ocupação das delegacias e fechado à força a última estação de rádio dissidente. O *New York Times* precisou de muitas contorções para tentar explicar porque o fechamento dessa derradeira estação de rádio sérvia era necessário para o pluralismo democrático. O jornal recorreu à expressão "linha-dura" onze vezes para se referir aos dirigentes sérvios que se recusavam a ver no silêncio imposto à estação de rádio "um passo no sentido de promover uma cobertura jornalística responsável na Bósnia".[8] Ao longo da intervenção ocidental, os que aceitavam a pauta de livre mercado eram considerados "pró-ocidentais" e "democráticos" em suas perspectivas. Os que discordavam, por definição eram "representantes antidemocráticos da linha dura".

Em abril de 1998, altos funcionários ocidentais montaram um tribunal para censurar e dirigir os meios de comunicação na Bósnia-Herzegovina. "O tribunal não só se atribuiu o poder de fechar rádios, televisões e jornais que criticavam a ocupação da Bósnia-Herzegovina pelas forças da OTAN como também autoridade para emitir leis de regulamentação das transmissões de rádio e televisão", observa Elich. Por trás da fachada da "reforma democrática", potências estrangeiras determinavam o que a mídia podia ou não dizer no seu próprio país. Em 1999, esse tribunal de censura ordenou que a Television Kanal S "imediatamente cessasse suas transmissões". O Kanal S se recusou a transmitir noticiários ocidentais e cometeu "grave violação" ao veicular uma mensagem de alunos da Universidade de Sarajevo incentivando a participação num protesto pacífico contra os bombardeios da OTAN na Iugoslávia. Essas centelhas de dissenção eram consideradas intoleráveis pelos campeões da democracia ocidental.

As potências ocupantes também interferiram com mão pesada no processo eleitoral, eliminando candidatos de listas eleitorais com as desculpas mais esfarrapadas. A comissão eleitoral da OSCE recusou três candidatos do Partido Democrático Sérvio (SDS) por causa da exibição de cartazes do ex-presidente da RS, Karadžić. O SDS não foi autorizado a substituir esses candidatos. No ano seguinte, nove candidatos do Partido Radical Sérvio foram retirados das listas porque uma estação de TV da vizinha Iugoslávia transmitiu uma entrevista com o candidato presidencial do partido, Nikola Poplašen. Aparentemente os programas de televisão de uma "fonte externa" (a Iugoslávia) representavam uma influência exterior infectante, mas não o fato de tropas da OTAN e comitês da OSCE estarem ditando quem podia e não podia se candidatar a cargos públicos e quem podia transmitir o quê a respeito da eleição.

Em setembro de 1998, apesar de toda a censura e repressão, os cidadãos da Republika Srpska rejeitaram a bem financiada candidata da OTAN, a presidente em exercício Plavšić, e elegeram Poplašen para a presidência. "O que quer que se possa dizer sobre elas", escreve Diana Johnstone, "o fato é que as eleições de setembro de 1998 mostraram que nem a televisão nem o dinheiro da 'comunidade internacional' determinaram o voto dos sérvios bósnios."[9] Furiosos com o resultado, os colonialistas ocidentais imediatamente começaram a pressionar Poplašen a romper relações com a Iugoslávia e designar Milorad Dodik como primeiro-ministro. Ao recusar, Poplašen, apesar de legitimamente eleito, foi afastado do cargo por Westendorp. Belgrado condenou essas medidas como grave violação dos Acordos de Dayton.[10] Elich observa que esse "golpe de Estado por decreto" acabava com toda fachada de democracia. As imposições ocidentais eram consideradas democráticas "simplesmente por serem ocidentais".[11]

Sob o pretexto de caçar criminosos de guerra, a OTAN continuou cometendo seus próprios crimes de guerra, entre eles sequestros e assassinatos. Em janeiro de 1996, dois generais sérvios bósnios, Djordje Djukić e Aleksa Krsmanović, foram convidados a se encontrar com funcionários ocidentais civis e da OTAN. Mas se tratava de uma armadilha, e os dois foram capturados e encarcerados por soldados muçulmanos bósnios. Duas semanas depois, foram transferidos para Haia, sendo submetidos a longos interrogatórios e pressionados a acusar de crimes de guerra outros dirigentes sérvios bósnios, em troca de um tratamento mais clemente. Quando ambos recusaram, não demoraram a ser punidos. Djukić foi acusado de atos horríveis como ter sido "comandante assistente de logística", "propor nomeações de pessoal" e "dar ordens de fornecimento de materiais a unidades do exército sérvio bósnio". Nem mesmo acusações fúteis como essas puderam ser levantadas contra Krsmanović, que ainda ficou detido sem acusação formal por várias semanas de interrogatórios, até ser libertado. Apesar de sofrer de um câncer no pâncreas em estado avançado, Djukić permaneceu preso durante quase três meses. No fim de abril, foi devolvido à família; morreria semanas depois.[12]

No dia 10 de julho de 1997, uma operação conjunta americano-britânica capturou dois outros sérvios bósnios sem qualquer acusação oficial formalizada. Depois de entrarem no Centro Médico de Prijedor, quatro agentes da OTAN detiveram o popular diretor do hospital, Milan Kovačević. A detenção provocou uma manifestação de revolta da equipe médica do hospital e de centenas de outras pessoas. Durante a guerra da Bósnia, Kovačević fora membro do governo local. A OTAN o acusava de ter ordenado a limpeza étnica dos muçulmanos de Prijedor, quando na verdade esses atos não tinham sido cometidos de maneira organizada, e sim por gangues e paramilitares sérvios. Cerca de um ano depois de ser detido, seu médico o visitou na prisão e recomendou que fosse submetido a tratamento para um grave problema cardíaco. Em vez disso, depois que o médico se foi, Kovačević foi deixado sem atendimento em sua cela, sofrendo dores agudas e pedindo socorro quando um vaso sanguíneo se rompeu em seu peito. Os guardas o ignoraram, assim como aos demais prisioneiros que começaram a gritar para que ele fosse atendido. Kovačević morreu nessa noite.

O ex-chefe de segurança Simo Drljača também não teve sorte. Num momento em que voltava de uma pescaria, em trajes de banho, para tomar café da manhã com a família e amigos, tropas da OTAN irromperam no local e começaram a atirar. Uma testemunha relata: "Estávamos ouvindo música. Eu estava sentado. De repente, ouvi gritos. [...] Os soldados estavam armados [...] e atiraram em [Simo]. Aí eu vi Simo deitado na areia perto de uma praia. Estava deitado sobre um dos lados e tremendo. Até que um soldado se aproximou e atirou de novo nele, matando-o."

Outro assassinato cometido pela OTAN ocorreu no dia 10 de janeiro de 1999, tendo como alvo um carro ocupado por Dragan Gagović e cinco crianças alunas da sua turma de caratê. Gagović havia sido chefe de polícia em Foca durante a guerra e era acusado de ter conhecimento de condições abusivas nas prisões. Não se sabe por que a OTAN esperou quase sete anos para ir atrás dele. Uma das crianças, Sonja Bjelović, relatou a emboscada: "Nós ouvimos tiros. Nosso professor [Dragan] disse: 'Se abaixe, você pode ser atingida.' Ele tentou nos proteger. [...] Mas o carro foi atingido, os pneus foram furados e ele capotou. Eu vi o nosso professor coberto de sangue." Dragan foi assassinado pelos defensores dos procedimentos democráticos.[13]

As duas metades da Republika Srpska permaneceram unidas por uma estreita faixa de cinco quilômetros de largura na qual fica a cidade de Brčko, de noventa mil habitantes. No dia em que Poplašen foi afastado da presidência, Robert Owen, o árbitro ocidental para Brčko, pôs a cidade sob controle conjunto da Federação Muçulmano-Croata e da Republika Srpska. De acordo com mais essa decisão arbitrária, as tropas sérvias bósnias não podiam mais circular de uma a outra metade da RS sem autorização da OTAN; a área, na verdade, foi dividida em duas partes. Sem o controle de Brčko, a parte ocidental da Republika Srpska, onde vivem dois terços dos sérvios da Bósnia, ficava agora confinada entre a Federação Muçulmano-Croata e a própria Croácia, desconectada da parte oriental que margeia a Sérvia propriamente dita.[14] Para apoiar a decisão de Owen, foi reforçada a presença das tropas da OTAN em Brčko.[15] Divulgou-se então, informa Elich, que a Federação Muçulmano-Croata, que fora generosamente equipada com armas ocidentais das mais avançadas, teria sinal verde da OTAN para invadir a Republika Srpska, caso essa "viesse a demonstrar muita independência e resistência frente às exigências da OTAN".

Uma das exigências era que a Republika Srpska desse os passos necessários na direção da privatização. O processo iniciado pelo governo da RS, distribuindo cerca de 47% das ações das empresas a sete fundos geridos pelo governo, foi considerado inaceitável pelos livres-marqueteiros ocidentais. Um documento da embaixada americana em Sarajevo registrava: "Na RS, o sistema de privatização está sendo retificado e vai criar mais oportunidades para o envolvimento de possíveis investidores estrangeiros." O Banco Mundial e a USAID contribuíram para a redação de leis semelhantes às da Federação Muçulmano-Croata, com o objetivo de "promover investimentos estrangeiros diretos" e "condições fiscais favoráveis" sem "restrições para o investimento estrangeiro" (exceto armas e meios de comunicação, que as autoridades ocidentais presumivelmente prefeririam controlar diretamente). "Iniciativas de desapropriação ou nacionalização de investimentos estrangeiros" eram expressamente proibidas.[16]

Para todos os efeitos, a Republika Srpska tornou-se uma colônia da OTAN. Os cidadãos só tinham liberdade de adotar políticas que agradassem aos seus senhores imperialistas, de ouvir ou assistir aos programas e eleger os candidatos aprovados pela OTAN. Por definição, as reformas de livre mercado e a dominação da OTAN eram equiparadas à democracia. E, por definição, qualquer resistência a esse domínio, mesmo da parte de representantes legitimamente eleitos da RS, era considerada manifestação de uma linha-dura antirreformista e antidemocrática.

8

AS OUTRAS ATROCIDADES

Para conseguir apoio para uma intervenção onerosa, ilegal e não raro sangrenta na Iugoslávia, os dirigentes ocidentais tinham de alegar estar envolvidos numa cruzada humanitária e altruísta contra o pior de todos os males — como fizeram tantas vezes no passado. Para isso, não se cansavam de dizer que agressores sérvios brutais e depravados estavam cometendo atrocidades genocidas contra inocentes croatas, muçulmanos e membros da etnia albanesa.

Atrocidades como assassinatos e estupros são cometidas em quase todas as guerras (o que não é motivo para escusá-las). Na verdade, assassinatos e estupros ocorrem com frequência espantosa em muitas comunidades em tempo de paz, e os dirigentes políticos que querem combater crimes dessa natureza poderiam começar voltando suas energias para dentro de casa. O que precisa ser lembrado é que os sérvios nunca foram acusados de cometer assassinatos e estupros simplesmente, mas de (a) cometerem assassinatos *em massa* e estupros *em massa* em escala "genocida", e (b) fazê-lo como parte de uma política sistemática aprovada pelo governo.

As provas de que dispomos indicam que, de fato, foram cometidas graves atrocidades por todos os lados nos conflitos croatas e bósnios. Mas a dimensão e o alcance desses crimes podem ser questionados, assim como as reportagens que punham quase toda a culpa nos sérvios, ao mesmo tempo encobrindo as brutalidades cometidas pelas unidades militares e paramilitares de croatas e muçulmanos. Nessa questão dos crimes de guerra, a escritora britânica Joan Phillips foi uma das poucas a questionar as percepções seletivas dos meios de comunicação:

> Em todos os lados, muita gente perdeu tudo: famílias, casas, terras, bens, saúde e dignidade. Por que então pouco ou nada ouvimos a respeito do sofrimento dos sérvios? [...] Os jornalistas ocidentais vão à Bósnia para conseguir uma história. Mas só têm uma história em mente. [...] Os sérvios são os malvados e os muçulmanos, as vítimas. Os governos de seus países declararam que os sérvios são o lado culpado na Iugoslávia, e os jornalistas, quase sem exceção, engoliram essa história sem questioná-la. Por isso só veem o que querem ver: atrocidades sérvias por toda parte, sem vítimas sérvias em lugar nenhum."[1]

Os crimes cometidos por croatas e muçulmanos uns contra os outros e contra os sérvios só raramente chegavam ao noticiário, recebendo pouca ou nenhuma atenção crítica dos comentaristas, editorialistas e responsáveis pelas políticas públicas. Veja, por exemplo, esta amostragem, que não é completa ou exaustiva:

- Em novembro de 1991, 27 aldeias sérvias da Croácia receberam avisos de evacuação com 48 horas de antecedência. Dezessete dessas aldeias foram então incendiadas e arrasadas por tropas croatas.[2]
- Mulheres sérvias da cidade bósnia de Novigrad disseram ter sido seguidamente estupradas por milicianos croatas, sendo alguns deles seus vizinhos. Uma delas, Gordana, de 36 anos, relata o que passou: "Quando comecei a gritar, um deles bateu com minha cabeça contra o piso. Aquilo durou três horas. Depois, disseram que eu teria um filho ustasha [fascista croata]."[3]
- Um idoso doente identificado em uma reportagem da BBC em 1992 como um "prisioneiro de guerra bósnio num campo de concentração sérvio" era, na verdade, conforme a identificação posterior por seus parentes, o oficial reformado do exército iugoslavo Branko Velec, um *sérvio* bósnio preso num campo de detenção *muçulmano*.[4]

AS OUTRAS ATROCIDADES

- Entre os "bebês e crianças muçulmanos" feridos que foram atingidos por franco-atiradores num ônibus que circulava em Sarajevo em agosto de 1992 estavam algumas crianças sérvias. O que só seria revelado algum tempo depois. "Repórteres de televisão identificaram uma das vítimas como muçulmana, em seu funeral. Mas a cruz ortodoxa e outros ritos fúnebres inconfundíveis da religião ortodoxa sérvia diziam algo diferente."[5]
- Quando milhares de civis sérvios da região oriental da Herzegovina foram expulsos de suas casas em fevereiro de 1993, a mídia ocidental não publicou uma palavra a respeito. Cada uma das casas de sérvios entre Metković e Konjic, no vale de Neretva, foi incendiada e arrasada. "Em contraste com as infindáveis histórias sobre a desgraça dos civis muçulmanos na Bósnia oriental, não nos foi oferecida uma reportagem sequer sobre o sofrimento dos sérvios na Herzegovina oriental."[6]
- Também em fevereiro de 1993, a Associated Press, citando apenas uma fonte do governo bósnio, informava que muçulmanos que passavam fome na Bósnia oriental estavam recorrendo ao canibalismo. A história imediatamente chegou às manchetes nos Estados Unidos. Pouca atenção foi dada ao desmentido enfático feito no dia seguinte por funcionários da ONU na Bósnia, que rapidamente se mobilizaram para socorrer os aldeões e constataram que estavam aprovisionados, inclusive com gado e galinhas.[7]
- No início de agosto de 1993, uma legenda de foto no *New York Times* identificava a mulher que aparecia na imagem como uma croata de Posušje (Bósnia) chorando a morte de um filho abatido em um ataque dos sérvios. Na verdade, Posušje era cenário de combates sangrentos entre muçulmanos e croatas, que resultaram na morte de 34 croatas bósnios, entre eles o filho da mulher que aparece na fotografia. A matança foi de responsabilidade de tropas *muçulmanas*. Os sérvios não estavam envolvidos. O jornal publicou uma correção sem destaque na semana seguinte.[8]
- No dia 6 de agosto de 1993, o *New York Times* publicou outra foto de uma mãe chorando, dessa vez acompanhada dos dois filhos. A legenda dizia: "As tropas sérvias da Bósnia exigem que as casas da

aldeia de Prozor, no centro da Bósnia, sejam evacuadas até o dia 4 de agosto...". Na verdade, Prozor estava sob controle de tropas croatas. As unidades sérvias sequer estavam nos arredores da cidade.

- Em outubro de 1993, soldados croatas mascarados mataram cerca de oitenta muçulmanos na aldeia de Stupni Do, no centro da Bósnia. Sobreviventes relataram ter visto croatas jogando cadáveres de crianças, mulheres e civis idosos nas construções em chamas.[9] Apesar das ameaças das tropas croatas, uma unidade militar sueca das forças da ONU conseguiu chegar à aldeia para investigar o que havia acontecido de fato. Conforme relato do *New York Times*, constataram o resultado da "fúria de soldados nacionalistas croatas que foram ali estuprar, cortar garganta, esmagar crânios de crianças e metralhar famílias inteiras".[10] O general de brigada britânico Angus Ramsay, chefe do estado-maior do comando da ONU para a Bósnia, considerou o fato "um crime de guerra revoltante", identificando como responsáveis os membros da Brigada de Bobovac do exército nacionalista croata da Bósnia, conhecida como HVO.[11]
- No início de novembro de 1993, tropas muçulmanas bósnias invadiram um bairro croata isolado ao norte de Sarajevo, obrigando milhares de civis a fugir para o campo, enquanto outros se escondiam em porões. Houve muitos relatos de estupros, espancamentos e saques. Cerca de dois mil croatas conseguiram se abrigar temporariamente em território controlado pelos sérvios a sudeste de Varres (norte de Sarajevo). Os sérvios esperavam a chegada de quinze mil refugiados, na expectativa de tentar transportá-los para a cidade portuária de Split, na Croácia.[12]
- Em agosto de 1995, tropas croatas, contando com o apoio das forças americanas, invadiram a Krajina sérvia, massacrando centenas de civis. Patrulhas da ONU exumaram corpos de aldeões em numerosas sepulturas novas e não identificadas. A União Europeia informou: "Continuam a vir à tona provas de atrocidades, em média seis cadáveres por dia. [...] Muitos foram alvejados na nuca ou tiveram a garganta cortada, outros foram mutilados. [...] Terras dos sérvios continuam sendo queimadas e saqueadas."[13]
- Em janeiro de 1996, tropas croatas massacraram 181 civis sérvios que viviam em Mrkonić Grad, aldeia no noroeste da Bósnia, perto da

fronteira com a Croácia. Os assassinos deixaram inscrições fascistas em toda a cidade. As sepulturas foram depois exumadas e todas as vítimas foram identificadas. O fato praticamente não foi noticiado.[14]
- Quando o subúrbio de Ilidža, em Sarajevo, foi transferido para a Federação Muçulmano-Croata em março de 1996, "centenas de capangas muçulmanos" — nos termos do *New York Times* — "armados de pistolas, facas e granadas" percorreram as ruas em grande estardalhaço, agredindo os cerca de três mil sérvios que ainda viviam no bairro, em sua maioria idosos ou doentes. Os bandos "penduram sinais de propriedade em casas que nunca viram antes e enchem veículos com pertences dos moradores enquanto esses haviam saído para comprar ovos. [...] A anarquia temida pelos dirigentes em consequência da transferência de subúrbios controlados pelos sérvios se concretizou."[15]
- Em seu primeiro caso exclusivamente de estupro, o Tribunal Penal Internacional da ONU para a antiga Iugoslávia (ICTY) não julgou um sérvio, mas um chefe paramilitar croata da Bósnia, condenando-o a dez anos de prisão por não ter impedido em 1993 que subordinados estuprassem uma mulher muçulmana bósnia.[16]

O principal fator que voltou boa parte da opinião pública mundial contra os sérvios foi o cerco de Sarajevo, que durou, com interrupções, de abril de 1992 a fevereiro de 1994. "O pior crime contra uma comunidade cometido na Europa desde Auschwitz", segundo um comentarista britânico.[17] Observadores que puderam visitar a cidade manifestaram opinião diferente. Charles Boyd, ex-subcomandante do comando americano na Europa, informava: "A imagem de uma Sarajevo sem alimentos, destruída e assediada [pelo exército sérvio da Bósnia] é uma valiosa ferramenta para o governo [muçulmano] da Bósnia. Enquanto o governo alardeava o milésimo dia de cerco, os mercados locais vendiam laranjas, limões e bananas a preços só um pouco mais altos que na Europa Ocidental. A gasolina era 35% mais barata que na Alemanha."[18]

Observadores da ONU notaram que as forças muçulmanas da Bósnia em Sarajevo muitas vezes davam início aos bombardeios diários da artilharia, atirando contra alvos sérvios e bairros sérvios para provocar reação e uma intervenção militar ocidental. O fato de não se estabelecer distinção entre quem atirava e quem era alvo dos tiros sugeria que os sérvios eram os únicos culpados.[19]

Cerca de noventa mil sérvios decidiram permanecer em Sarajevo durante o cerco. As tropas sérvias bósnias tinham oferecido passagem segura para todos os civis. Afastados todos os não combatentes, especialmente mulheres e crianças, os sérvios poderiam tratar Sarajevo como um alvo puramente militar. Izetbegović rejeitou a oferta pelo mesmo motivo, afirmando que, sem crianças, Sarajevo estaria sendo oferecida a um ataque sérvio. Além disso, o sofrimento dos civis era um fator importante da propaganda. Assim, as tropas muçulmanas impediram que moradores deixassem a parte de Sarajevo controlada pelos muçulmanos, na prática criando um cerco dentro do cerco. "Esse fato não diminui a culpa dos sérvios, mas desmoraliza a alegação de inocência das autoridades muçulmanas em relação ao sofrimento e à morte de civis."[20]

O general francês Philippe Morillon, ex-comandante da UNPROFOR (Força de Proteção das Nações Unidas), culpou enfaticamente o governo muçulmano bósnio pelo fato de não ter sido levantado o cerco a Sarajevo. Em entrevista ao diário *Lidové Noviny*, de Praga, Morillon acusou o governo bósnio de ter impedido reiteradamente que a UNPROFOR estabelecesse um cessar-fogo por querer manter Sarajevo como objeto da compaixão mundial.[21] Um general britânico, Sir Michael Rose, chegou à mesma conclusão, escrevendo em suas memórias que o subcomandante muçulmano relutava em assinar o cessar-fogo, embora "os sérvios tivessem concordado com todas as exigências do seu governo para um cessar-fogo".[22]

Os sérvios eram permanentemente atacados na mídia por causa dos famigerados massacres em mercados e filas de alimentação em Sarajevo, em 1992, 1994 e 1995. Nos três incidentes, investigações internas da ONU revelaram que eram as forças muçulmanas bósnias as responsáveis.[23] Segundo o relatório, vazado pela televisão francesa, os serviços ocidentais de inteligência sabiam que agentes muçulmanos tinham bombardeado civis bósnios no incidente de 1994 para provocar uma intervenção da OTAN. O general Rose chegou à conclusão semelhante depois da primeira avaliação da ONU no local.[24] O negociador internacional David Owen, que trabalhava com o enviado especial da ONU para a Bósnia, Cyrus

AS OUTRAS ATROCIDADES

Vance, reconheceu em suas memórias que as potências da OTAN sabiam o tempo todo que as forças muçulmanas constantemente atacavam alvos neutros para impedir os voos de socorro e auxílio e voltar a atenção internacional para Sarajevo. Embora esses ataques em geral fossem atribuídos aos sérvios, "nenhum observador experiente em Sarajevo duvida por um momento sequer que as forças muçulmanas consideram do seu interesse bombardear alvos amigos".[25] Mais de uma vez as tropas francesas estacionadas em Sarajevo surpreenderam franco-atiradores muçulmanos alvejando civis muçulmanos para botar a culpa nos sérvios.[26]

Uma testemunha declarou na televisão muçulmana em Sarajevo que os sérvios deviam ter concebido um novo tipo de bomba que não fazia barulho ao ser lançada, pois ninguém ouviu o "projétil" que atingiu o mercado em 1994. Um correspondente do diário dinamarquês *Information* também disse que não houve fogo de artilharia nesse dia. Uma médica americana comentou na CNN que os ferimentos das vítimas de que tratou não eram recentes. Outros médicos declararam que alguns corpos encontrados no mercado de Sarajevo já estavam mortos há algum tempo. O periódico britânico *Defense and Foreign Affairs* foi informado de que na véspera croatas e muçulmanos tinham efetuado uma troca de cadáveres.[27]

Em uma entrevista coletiva posterior, o porta-voz da ONU Bill Aikmann informou que a milícia muçulmana isolou o mercado de Sarajevo logo depois da explosão, impedindo durante horas o acesso de pessoal da ONU. Posteriormente, não foi possível encontrar estilhaços de bomba que permitissem identificar a origem do explosivo. Além disso, o governo bósnio muçulmano resistiu à criação de uma comissão de inquérito mista conforme exigida pelos sérvios, a pretexto de que não cooperaria com assassinos. Em comunicado oficial publicado em Zagreb, as Nações Unidas falavam da "impossibilidade de atribuir a explosão do dia 5 de fevereiro a qualquer dos dois lados...".[28]

Não importava. Provocados num momento conveniente e bem encenados, os incidentes tinham atendido ao seu propósito; os desmentidos indignados de dirigentes sérvios da Bósnia de nada adiantaram. Tratado com sensacionalismo na mídia ocidental, o "massacre de civis inocentes pelos sérvios" provocou clamor internacional, levando as Nações Unidas a aprovar as sanções promovidas pelos EUA contra a Iugoslávia em 1992, o início dos ataques aéreos da OTAN contra unidades militares sérvias da Bósnia em 1994 e os bombardeios de saturação dos territórios controlados pelos sérvios bósnios em 1995.[29]

Embora a cobertura de imprensa se concentrasse no cerco sérvio de Sarajevo, uma investida muito mais pesada, o "bombardeio quase incessante de Mostar" pelas forças croatas, provocando "danos humanos e físicos muito maiores que em Sarajevo", segundo Susan Woodward, praticamente não recebia atenção, evidenciando como os meios de comunicação podiam ser manipulados.[30] Referindo-se a Mostar sete anos depois, até Christopher Hitchens, decidido promotor da visão demonizada dos sérvios, foi levado a escrever: "A destruição de uma cidade inteira e as ruínas de toda uma sociedade ainda estão diante dos nossos olhos. Pontes foram derrubadas, minaretes foram amputados, muitas partes da cidade estão reduzidas a escombros. Tudo isso feito pelas forças governamentais croatas ante os olhos da OTAN."[31]

PARTILHA DA CULPA

O grau de destruição imposto à adorável cidade de Dubrovnik pelo exército iugoslavo foi muito exagerado no noticiário da imprensa. A maior parte da cidade velha ficou isenta de danos. Mas as forças de defesa croatas têm uma parte da responsabilidade pelos bombardeios ocorridos. Até mesmo um observador enfaticamente anti-Milošević escreveu: "Eles reagiam com armas de mão e posições de artilharia leve dentro das muralhas da cidade velha, incitando o JNA [Exército Nacional Iugoslavo] a disparar contra eles. Astuciosamente exploravam a indignação internacional para fins militares. Quando um fotógrafo tentou registrar as posições [dos atiradores] no interior das muralhas da cidade velha, sua câmera foi confiscada pela Guarda Nacional Croata e o filme foi destruído."[32]

A respeito das mortes de sérvios em Krajina e outros lugares durante a guerra na Croácia, um relatório do ICTY afirmava que "pelo menos 150 civis sérvios foram sumariamente executados e centenas estão desaparecidos". Eram crimes de saque, incêndio e bombardeio indiscriminado de populações civis. "De maneira generalizada e sistemática", prossegue o relatório, "as tropas croatas cometeram assassinatos e outros atos desumanos contra sérvios da Croácia."[33] Mas onde estavam os dirigentes americanos e britânicos — e suas fiéis equipes de televisão — quando essas atrocidades eram cometidas?

A operação maciça de limpeza étnica dos sérvios de Krajina pelas forças croatas não mereceu sequer um pio de desaprovação da parte dos líderes ocidentais. Como observa Raymond Bonner: "Permanecem sem respostas muitas perguntas quanto ao alcance do envolvimento dos Estados Unidos. Durante os três anos da investigação sobre o ataque [em Krajina], os Estados Unidos não forneceram provas decisivas solicitadas pelo tribunal, de acordo com documentos do tribunal e funcionários ouvidos, aumentando a suspeita entre alguns dos envolvidos de que Washington não se sente à vontade com a investigação."[34]

Com certeza também houve atrocidades cometidas pelos sérvios. As forças sérvias e iugoslavas têm alto grau de responsabilidade pela destruição em Vukovar e boa parte da responsabilidade em Sarajevo. Paramilitares e "unidades especiais" sérvias, algumas ostentando símbolos nacionalistas dos chetniks*, são culpadas por matanças sumárias na região de Srebrenica. Na aldeia de Lovinac, foram mortos cinco civis croatas, entre eles um homem de mais de setenta anos. Uma operação chetnik em Kordun, no norte, deixou dezenas de corpos de aldeões croatas apodrecendo ao relento, segundo Misha Glenny. 24 idosos foram mortos por tropas de chetniks em retirada em Voćin e Hum, aldeias da região ocidental da Eslavônia. Croatas que permaneceram em Stara Tenja teriam sido mortos pelos paramilitares de Arkan, "provocando protestos violentos dos sérvios da região".[35] Mais tarde, ataques sérvios a um bastião do Exército de Libertação de Kosovo (ELK) na região central

---

* Referência à organização paramilitar conservadora e monarquista sérvia que atuou antes e durante a Segunda Guerra Mundial nos Bálcãs promovendo o assassinato de comunistas e muçulmanos em colaboração com os nazistas. [Nota da edição brasileira.]

de Drenica, em Kosovo, teriam causado a morte de 46 pessoas, entre elas onze crianças.[36] Dezenas foram mortos em Bela Crkva, um dos seis massacres atribuídos a paramilitares sérvios em Kosovo.[37] Reservistas sérvios incendiaram um belo mosteiro católico na Croácia, perto da fronteira com Montenegro, e certamente outras construções em outros lugares também. As operações militares conduzidas por muitas dessas unidades com frequência fugiam ao controle dos seus superiores.[38]

Pode-se atribuir violações da Convenção de Genebra a forças sérvias, especialmente unidades paramilitares chetniks e forças irregulares. O que se pode questionar são a frequência, a gravidade e o alcance dos crimes sérvios divulgados, o caráter duvidoso de muitas informações e o ponto de vista parcial em que os dirigentes e comentaristas dos meios de comunicação ocidentais envolvem essa questão, de maneira tão persistente que os indícios de atrocidades cometidas por croatas e muçulmanos bósnios nunca entram na equação, ainda que eventualmente apresentados.

O tenente-general Satish Nambiar, ex-subchefe do estado-maior do exército indiano e comandante das forças da ONU mobilizadas na Iugoslávia em 1992-1993, fez o seguinte comentário: "Apresentar os sérvios como o mal e os outros como o bem era não só contraproducente, mas desonesto. Na minha experiência, todos os lados têm culpa, mas só os sérvios reconheciam que não eram anjos, ao passo que os outros sustentavam que eram." Tendo 28 mil militares da ONU sob seu comando em campo, além de "contatos constantes com funcionários do Alto Comissariado da ONU para Refugiados e da Cruz Vermelha Internacional", ainda assim Nambiar e seus oficiais não testemunharam nada que se parecesse com um genocídio, embora fossem cometidos massacres e execuções sumárias "por todos os lados", como é "típico dessas condições de conflito". Ele conclui: "Não creio que qualquer dos meus sucessores e suas forças tenham visto alguma coisa na escala alegada pelos meios de comunicação."[39]

As verdades moderadas enunciadas por observadores como o tenente-general Nambiar, o subcomandante americano Boyd, o general Morillon, o general Rose, o negociador Owen e vários outros administradores da ONU e testemunhas citados acima passaram em grande medida despercebidos na massa de matérias antissérvias com alusões ao nazismo veiculadas constantemente no mundo inteiro.

9

DEMONIZANDO OS SÉRVIOS

A demonização dos sérvios por parte da mídia não era uma questão apenas de reportagens malfeitas e jornalismo homogeneizado. Como vimos no capítulo anterior, às vezes eram publicadas na grande imprensa matérias registrando atrocidades cometidas por combatentes não sérvios, que, no entanto, não recebiam grande atenção dos comentaristas e dirigentes políticos.

Por que os sérvios foram designados como alvo? Eles eram a maior e mais influente nacionalidade da antiga Iugoslávia, com percentual proporcionalmente mais alto de membros do partido comunista que nas outras nacionalidades.[1] Foram os únicos a abrir mão de um Estado-nação independente para fazer parte de um Estado unificado. A Sérvia e Montenegro sempre foram as duas repúblicas que mais apoiavam a federação. (Grande parte dos montenegrinos se identificava com os sérvios em termos linguísticos e étnicos.) Além disso, nas eleições impostas pelos EUA em 1989, sérvios e montenegrinos apoiaram em suas respectivas repúblicas os antigos comunistas, em detrimento dos "democratas" promovidos pelos Estados Unidos. Não surpreende, assim, que os sérvios fossem designados como o inimigo. Feito isso, tiveram seus direitos nacionais atropelados pelo Ocidente, passando a ser considerados como a única nacionalidade iugoslava sem um interesse legítimo no destino do próprio país.

A campanha de propaganda para demonizar os sérvios começou no início da década. Um dos primeiros atos do governo esloveno depois da declaração de independência, em 1991, foi criar um centro de comunicações bem equipado para distribuir reportagens vibrantes sobre batalhas inexistentes, estatísticas exageradas de baixas e supostas atrocidades cometidas pelo exército iugoslavo (sérvio). Ao apresentar o conflito breve e limitado nos termos mais sangrentos imagináveis e posar de democratas pró-ocidentais lutando contra os agressores comunistas da Iugoslávia, os eslovenos esperavam conseguir apoio internacional para sua causa.[2] Não muito depois, croatas e muçulmanos fizeram o mesmo, apelando para imagens de uma ameaça sérvia comunista e desumanizada à Europa.[3]

Uma das primeiras campanhas de propaganda durante o conflito na Bósnia-Herzegovina ocorreu em 1991-1993, quando os sérvios foram acusados de pôr em prática uma política oficial de estupros em massa. Forças sérvias bósnias teriam estuprado entre vinte mil e cem mil mulheres muçulmanas; as informações variavam enormemente. O exército sérvio bósnio não continha mais do que aproximadamente trinta mil homens, muitos dos quais envolvidos em violentos confrontos militares. Por uma simples questão de bom senso, essas notícias deveriam ter sido encaradas com algum ceticismo. Em vez disso, foram avidamente exploradas pelos dirigentes ocidentais e seus acólitos nos meios de comunicação.

"Podem estuprar, vão em frente", um comandante sérvio bósnio supostamente teria instruído publicamente suas tropas. A fonte dessa história, que circulou amplamente, nunca foi identificada. O nome do comandante, jamais revelado. Até onde sabemos, nenhuma ordem dessa natureza jamais foi dada. O *New York Times*, de fato, publicou muito depois uma retratação minúscula, admitindo timidamente que "a existência de uma 'política sistemática de estupros' por parte dos sérvios não foi comprovada".[4]

Em audiências promovidas pela Comissão de Direitos Femininos da Comunidade Europeia em fevereiro de 1993, foi rejeitada por falta de provas a estimativa de vinte mil vítimas muçulmanas de estupro. Nessas audiências, representantes da Comissão de Crimes de Guerra e do Alto Comissariado para Refugiados da ONU concluíram que não haviam sido encontradas provas suficientes para dar sustentação às acusações de uma campanha sérvia de estupros em massa. Simultaneamente, a Anistia Internacional e o Comitê Internacional da Cruz Vermelha declararam que todos os lados haviam cometido atrocidades e estupros.[5]

Um representante do Helsinki Watch observou que os relatos sobre estupros em massa cometidos por sérvios tinham origem nos governos muçulmano e croata da Bósnia e não mereciam crédito. Da mesma forma, Nora Beloff, ex-correspondente do *Observer* de Londres, disse ter ouvido "a admissão de um alto funcionário alemão de que não existem provas diretas que corroborem os números absurdos de vítimas de estupro". O funcionário à frente do departamento da Bósnia no Ministério de Relações Exteriores da Alemanha reconheceu que essas alegações provinham do governo Izetbegović e da Caritas, uma instituição beneficente católica — ou seja, exclusivamente de fontes muçulmanas e croatas, sem corroboração de investigadores independentes.[6]

Os meios de comunicação se referiram várias vezes a "campos de estupros" supostamente mantidos pelos sérvios como parte de uma campanha de "reprodução étnica". Milhares de mulheres muçulmanas teriam sido engravidadas e forçadas a dar à luz crianças sérvias. Mas depois do fim das hostilidades, quando as tropas da ONU ocuparam toda a Bósnia-Herzegovina, não foi encontrado nenhum campo de estupros em massa. Tampouco foram encontradas em momento algum as vítimas grávidas supostamente atendidas em hospitais bósnios nem os prontuários médicos relativos ao seu tratamento. O punhado de nascimentos gerados por estupros que de fato veio à luz parecia contradizer a imagem de gestações geradas por estupros em massa alardeada pelas autoridades muçulmanas e pelos jornalistas ocidentais.[7] Um despacho da Agência France Presse informava que, em Sarajevo, "investigadores bósnios tomaram conhecimento de apenas um caso de uma mulher que deu à luz depois de ser estuprada". E a Anistia Internacional "nunca conseguiu falar com qualquer uma das grávidas".[8]

Chegou-se a dizer que o número dessas mulheres era muito pequeno porque elas não se dispunham a se manifestar publicamente, em vista da estigmatização das vítimas de estupro em sua cultura. Mas as agências internacionais de ajuda tomaram providências para que a assistência oferecida a elas tivesse caráter confidencial. As mulheres nunca foram solicitadas a se pronunciar publicamente, sendo apenas entrevistadas anonimamente e recebendo ajuda médica, no caso de algumas. De qualquer maneira, se vinte mil vítimas de estupro ou mais conseguiram manter em segredo sua situação, como é que funcionários governamentais bósnios e croatas e jornalistas ocidentais ficaram sabendo a respeito? Que provas *eles* teriam de estupros em massa envolvendo dezenas de milhares de mulheres, e por que nunca as apresentaram?

O que não significa que não houve estupros. Oito anos depois de circularem as histórias sobre estupros em massa, uma muçulmana bósnia não identificada prestou depoimento no Tribunal Penal Internacional, afirmando que ela e outras mulheres tinham sido feitas prisioneiras por paramilitares sérvios e repetidamente estupradas durante semanas no verão de 1992. Cerca de cinquenta mulheres teriam sido detidas, mas as reportagens da AP não registraram nenhum outro depoimento em juízo de alguma mulher envolvida. Estavam sendo julgados dois paramilitares sérvios bósnios acusados de manter uma "rede de campos de estupros" a sudeste de Sarajevo.[9]

Volta e meia a imprensa se superava nas invenções, no melhor estilo tabloide, como por exemplo quando a BBC informou aos seus milhões de ouvintes que franco-atiradores sérvios recebiam 2.700 francos franceses por cada criança que matavam — ou quando o *Daily Mirror* londrino publicou que uma bósnia tinha morrido "depois de ser forçada a dar à luz um cachorro". Variações dessa história esdrúxula e biologicamente inacreditável foram publicadas no *Bild am Sonntag* alemão e no *La Repubblica*, na Itália, com chocantes relatos sobre a intervenção de ginecologistas sérvios demoníacos para implantar fetos caninos no útero da mulher.[10] A história do cão caiu nas graças igualmente de um obscuro parlamentar alemão, Stefan Schwarz, que conquistou fama instantânea contando no Bundestag histórias pavorosas sobre sérvios que promoviam incêndios, castrações, assavam crianças em fornos e usavam gás venenoso. Em janeiro de 1993, Schwarz referiu-se aos "sucessores sérvios de Mengele" que plantavam embriões caninos em mulheres muçulmanas e anunciou a chegada de uma fita de vídeo que corroboraria suas afirmações. Só um ano depois ele admitiu que essa fita não existia, e tampouco apresentou provas das suas outras histórias de horror.[11] Mas a popularidade de Schwarz na imprensa não diminuía. A falta de provas era irrelevante frente às imagens evocadas de experiências médicas sádicas em campos de extermínio servo-nazistas.

Além das referências a "campos de estupro" havia histórias igualmente infundadas sobre "campos da morte" sérvios no norte da Bósnia. Essas narrativas foram lançadas pelo repórter Roy Gutman, que sugeria comparações com os campos de extermínio mantidos pelos nazistas durante a Segunda Guerra Mundial. A primeira das suas matérias, publicada na primeira página do *Newsday* com a manchete "Campos da morte bósnios", começava assim: "Os conquistadores sérvios do norte da Bósnia criaram dois campos de concentração nos quais mais de mil civis foram mortos ou morreram de fome, e onde milhares estão sendo mantidos até que morram [...] Num dos campos, mais de mil homens estão presos em jaulas de metal." Corpos eram cremados em fornos crematórios e transformados em ração animal. Gutman cita alguém apresentado como ex-prisioneiro, que declara: "Vi dez rapazes jogados num fosso. Tinham a garganta cortada, o nariz arrancado e os genitais lacerados."[12] Apesar da grave ausência de fontes confirmadas, as histórias de Gutman foram avidamente reproduzidas, provocando um clamor internacional que contribuiu para mobilizar a opinião pública mundial contra os sérvios. Relatos semelhantes logo seriam publicados nos jornais britânicos, juntamente com acusações de que os sérvios bósnios tinham executado mais de 1.700 prisioneiros muçulmanos e croatas.

Gutman ganhou o Prêmio Pulitzer por suas reportagens. Mas depois de terem acesso a toda a Bósnia-Herzegovina, as tropas da ONU não encontraram qualquer prova da existência desses campos da morte, nenhum sinal das centenas de jaulas de metal, dos fornos de cremação ou das valas comuns de vítimas mortas de fome e mutiladas. Era um caso notável de desmaterialização, que convenientemente passou despercebido da imprensa... com exceção da jornalista britânica Joan Phillips, que decidiu seguir os passos de Gutman. Ela descobriu que ele tinha visitado os campos sérvios de Omarska e Tmopolje só *depois* de publicar as matérias em que os apresentava como campos da morte. Descobriu também que Tmopolje não era um campo da morte nem provavelmente um campo de detenção, inteiramente. Muitos dos que estavam lá se encontravam por livre e espontânea vontade para escapar dos combates em aldeias próximas. E o campo de Omarska era administrado por autoridades civis como um tipo de centro de trânsito. A história de Gutman sobre o campo de Omarska, segundo relata Phillips, se baseava no depoimento de um homem que admitiu que não tinha presenciado matanças pessoalmente, mas que uma vez viu "oito corpos cobertos com cobertores".[13]

Phillips também constatou que a matéria de Gutman sobre o campo de Brčko, onde 1.350 pessoas teriam sido assassinadas, se baseava no depoimento de um indivíduo que afirmava ter ficado detido nele, com a "confirmação" apenas de uma fonte muçulmana no governo bósnio que sabidamente não era confiável.[14] Gutman, de fato, visitou o campo de detenção de Manjača. Foi autorizado a percorrer o campo e entrevistar os prisioneiros, que se queixaram da comida. Não mencionou qualquer fato relacionado a tortura ou execuções e, na verdade, observou que o exército sérvio aparentemente respeitava a Convenção de Genebra.[15] Depois de investigar ela própria esses locais, Phillips informa que a Cruz Vermelha Internacional desde o início teve acesso a Manjača, e que muitos prisioneiros não se envolveram em combates e estavam detidos para serem trocados por outros prisioneiros, exatamente como acontecia com os sérvios nos campos de detenção muçulmanos e croatas.

Se nessas diferentes instalações realmente houvesse campos de extermínio, os sérvios as teriam deixado abertas à inspeção da Cruz Vermelha Internacional e dos meios de comunicação ocidentais? Naturalmente, não eram campos que pudessem ser considerados *spas* de luxo. Os prisioneiros se amontoavam em celas apertadas, em certos casos mal alimentados, e alguns eram espancados ou sofriam outros tipos de abusos, como também acontecia nos campos muçulmanos e croatas (e em prisões do mundo inteiro), sendo a única diferença o fato de as instalações muçulmanas e croatas não receberem a atenção dos jornalistas ocidentais.

Em 1992, a mídia ocidental divulgou com destaque fotografias que seriam de prisioneiros muçulmanos bósnios maltratados em "campos de concentração" sérvios. Posteriormente, ficaria comprovado que essas fotos não mereciam muita credibilidade. No campo de refugiados de Trnopolje, jornalistas e fotógrafos se posicionaram em uma pequena área cercada de arame farpado onde se encontrava um galpão de serviço, enquanto os muçulmanos ficavam *do lado de fora*. Mas a impressão deixada pelos fotógrafos foi de que os muçulmanos estavam por trás de arame farpado. Um homem muito magro e pálido, que mais tarde seria identificado como Fikret Alič, apareceu com destaque na capa da revista *Time* e em várias outras publicações, evocando a terrível imagem de um campo de extermínio de tipo nazista. O que não se dizia era que Alič não estava preso por trás de cercas de arame farpado. Tampouco apareciam os indivíduos saudáveis e bem alimentados que estavam ao seu redor. Outro homem esquálido que apareceu na capa da *Newsweek*, supostamente um prisioneiro muçulmano, seria afinal identificado como Slobodan Konjevič, um sérvio detido por participar de saques. Konjevič sofria de tuberculose há dez anos.[16]

Esse padrão de dois pesos e duas medidas prevaleceu ao longo dos conflitos croatas e bósnios. Por que foram formalizadas acusações de crimes de guerra contra o presidente da Krajina sérvia, Milan Martič, acompanhadas de acusações secretas contra todo o governo de Krajina, mas nenhuma acusação foi levantada pelas violências cometidas pelos croatas em Krajina? Onde estavam as câmeras de TV quando muçulmanos massacraram centenas de sérvios perto de Srebrenica? Foi isso o que perguntou John Ranz, presidente de uma organização de sobreviventes do Holocausto.[17] A versão oficial, fielmente reproduzida na mídia americana, era que os sérvios haviam cometido todas as atrocidades em Srebrenica.

E, por sinal, em seu documentário *Srebrenica*, levado ao ar pelo PBS em 1999 e no início de 2000, Bill Moyers afirmava mais de uma vez que 7.414 muçulmanos bósnios foram executados por forças sérvias bósnias na região de Srebrenica.[18] Caberia perguntar como se pode ter chegado a um número tão exato em meio a uma guerra tão caótica. Moyers filmou dezenas de mulheres e crianças muçulmanas que não tinham notícia dos seus homens. Estes foram separados das famílias por milícias sérvias bósnias e supostamente levados às colinas próximas e fuzilados. "Milhares de homens e garotos foram mortos", conclui Moyers. Milhares?

"Centenas foram mortos numa aldeia próxima", acrescenta ele — sem dar qualquer indicação de ter visitado a referida aldeia nem reproduzir uma única entrevista de alguém da aldeia. Nenhuma das muçulmanas filmadas por ele deu conta de casos de estupro — ou pelo menos ele não faz qualquer menção a respeito.

Uma única vez o documentário de Moyers dá a entender que os muçulmanos também podiam ter cometido atrocidades. É quando é entrevistado um comandante militar muçulmano que diz: "Os dois lados respeitaram a Convenção de Genebra e os dois lados às vezes não respeitaram a Convenção de Genebra." Ao se aproximar o fim da reportagem, com duração de uma hora, Moyers surpreendentemente reconhece, de passagem: "Até hoje, os médicos identificaram apenas setenta corpos." Para explicar a incrível discrepância entre setenta e 7.414, ele afirma — como se fosse um fato comprovado — que os sérvios enterraram novamente muitos corpos em covas secundárias, para escondê-los. Moyers não apresenta qualquer outra informação sobre como, onde e quando os sérvios podiam ter enterrado, voltado a localizar, desenterrado e voltado a enterrar os outros 7.344 corpos, em meio a uma campanha militar complicada e caótica e sem serem detectados. Nem explica como é que os locais iniciais de sepultamento, exibindo claros sinais de exumação, não foram encontrados, nem por que era impossível localizar as valas comuns secundárias. Em matéria de ocultação de cadáveres, o que será que os sérvios já sabiam na segunda vez, mas teimavam em esquecer de fazer na primeira?

Moyers alega ainda que os sérvios mantinham "mais de mil corpos em uma mina" em Tuzla. Terminados os combates há muito tempo, teria sido fácil para ele e sua equipe de filmagem ir a Tuzla e conseguir imagens dos mil corpos amontoados na mina, além de depoimentos de testemunhas do que acontecera. Até onde eu saiba, nenhuma prova dessa história jamais foi apresentada.

Dois correspondentes britânicos mencionaram alguns fatos relacionados a Srebrenica que vinham sendo negligenciados até então — especificamente, que o cerco sérvio fora antecedido por um ataque muçulmano de grandes proporções que arrasou cinquenta aldeias sérvias nas comunidades vizinhas de Srebrenica e Bratunac, matando mais de 1.200 mulheres, crianças e idosos sérvios e deixando mais de três mil feridos.[19] Esses fatos não eram mencionados no documentário de Moyer sobre Srebrenica, nem na maior parte dos outros meios de comunicação.

A informação de que os sérvios usavam o gás venenoso CS foi publicada na imprensa ocidental em setembro de 1992. Não havia qualquer indício de que os sérvios ou alguém mais o tivesse feito na Iugoslávia — nada de latas de gás, nem de locais ou cadáveres contaminados, nem de vítimas doentes ou testemunhas oculares.[20] O que não impediu que a história rapidamente se espalhasse, mesmo que por pouco tempo.

Entre as empresas de relações públicas que desempenharam papel crucial na demonização dos sérvios estava a Ruder & Finn, representante remunerada, neste ou naquele momento, da Croácia, da Bósnia muçulmana e da oposição parlamentar albanesa em Kosovo. Seu diretor, James Harff, se vangloriava de disseminar informações sensacionalistas que contribuíam para aumentar dramaticamente o apoio da opinião pública à intervenção americana na Bósnia. Como disse em abril de 1993 ao jornalista francês Jacques Merlino, Harff se orgulhava sobretudo da maneira como sua empresa conseguira manipular a opinião pública judaica. Proeza sem dúvida delicada, pois o presidente croata, Franjo Tuđman, "foi muito descuidado em seu livro, *Desertos da verdade histórica*", pelo qual "podia ser considerado antissemita". O presidente da Bósnia, Alija Izetbegović, também apresentava sérios problemas de imagem, pois seu livro *A Declaração islâmica* "revelava excessivo apoio a um Estado fundamentalista muçulmano. Além disso, o passado da Croácia e da Bósnia era marcado por um antissemitismo real e cruel", reconhecia Harff. "Dezenas de milhares de judeus morreram em campos croatas, e assim as organizações intelectuais e judaicas tinham todos os motivos para se mostrar hostis aos croatas e bósnios [muçulmanos]. Nosso desafio consistia em reverter essa atitude, e conseguimos magistralmente."[21] Quando o *Newsday* publicou as reportagens de Roy Gutman sobre os supostos campos sérvios da morte, os homens de Harff mobilizaram várias grandes organizações judaicas — a Liga Antidifamação B'nai Brith, o Comitê Judaico Americano e o Congresso Judaico Americano:

> Foi uma tremenda proeza. Quando as organizações judaicas entraram na jogada do lado dos bósnios [muçulmanos], foi fácil equiparar os

sérvios aos nazistas aos olhos do público. Ninguém entendia o que estava acontecendo na Iugoslávia. [...] De uma só feita, conseguimos apresentar uma história simples de mocinhos e bandidos, que dali em diante andaria com as próprias pernas. [...] Quase imediatamente se constatou na imprensa uma clara mudança de linguagem, com o emprego de expressões de alto teor emocional como "limpeza étnica" e "campos de concentração", evocando imagens da Alemanha nazista e das câmaras de gás de Auschwitz.

Quando Merlino comentou "Quando fez isso, você não tinha provas de que o que dizia era verdade. Dispunha apenas de dois artigos no *Newsday*", Harff respondeu: "Nossa função não é checar informações. [...] Nossa função é acelerar a circulação de informações que nos sejam favoráveis. [...] Somos profissionais. Tínhamos um trabalho a fazer e o fizemos. Não somos pagos para fazer juízo de moral."

Sem querer diminuir o orgulho de Harff, devo notar que, basicamente, a Ruder & Finn não foi tão bem-sucedida assim graças a suas "magistrais" táticas promocionais. Ela fez simplesmente o que muitas empresas de relações públicas fariam: manipular imagens, distorcer informações em proveito próprio, distribuir comunicados de imprensa, tentar plantar histórias, atentar para grupos decisivos, fazer pressão no Congresso etc. O que tornou tão eficaz o empenho da empresa foi a ávida receptividade da mídia ocidental, que — pegando a deixa das autoridades — também já gerava um clima antissérvio na opinião pública muitos meses antes do início da campanha da Ruder & Finn.

Essa onda de comunicação quase monopolizada contava com a ajuda de certos grupos "humanitários" muito bem financiados, como Médicos sem Fronteiras, de grupos de militância pela paz como Women In Black e de organizações de defesa dos "direitos humanos" como a Human Rights Watch, além das várias ramificações do Partido Verde na Europa e na América do Norte, dos trabalhistas britânicos, dos socialistas franceses e dos social-democratas alemães, com as inevitáveis borrifadas de bem-infiltrados grupelhos de ultraesquerda eternamente acertando contas com o "stalinismo", e vilipendiando Milošević como "último stalinista". Cabe também mencionar, entre aqueles que apoiaram os bombardeios humanitários de populações civis indefesas, os numerosos intelectuais e celebridades mal-informados cujos pendores moralizantes foram ativados na cruzada apressada contra a Sérvia. Entre eles estão feministas, pacifistas e anticomunistas "de esquerda" como Daniel Cohn-Bendit, Günter Grass, Octavio Paz, Karl Popper, Vanessa Redgrave, Salman Rushdie, Catharine MacKinnon, Todd Gitlin e, naturalmente, Susan Sontag — tão empenhados em combater o fantasma de Stalin ou o fantasma de Hitler que, sem querer ou querendo, acabaram servindo a um imperialismo global vivo.

Em virtude das sanções internacionais, o governo iugoslavo não tinha condições de contratar uma empresa de relações públicas, como fizeram os separatistas croatas, muçulmanos e albaneses.[22] Mas ainda que tivesse, o lado iugoslavo da história teria sido tratado com desprezo pela mídia internacional controlada por corporações, pelo mesmo motivo que ela dava tanta atenção e apoio ao lado que odiava os sérvios. As acusações de genocídio em relação à Bósnia eram reiteradas tão incansavelmente que se tornava irrelevante apresentar provas. George Kenney, um dos responsáveis pela política americana nos Bálcãs durante o governo Bush, resumia assim a situação: "O governo americano não tem provas de qualquer genocídio, e qualquer um que leia a imprensa com olhos críticos é capaz de ver a escassez de provas, apesar das alegações interminavelmente repetidas e das pavorosas especulações."[23]

10

A VEZ DE KOSOVO

Com a secessão de quatro das repúblicas — Eslovênia, Croácia, Macedônia e Bósnia-Herzegovina —, só restavam a Sérvia e Montenegro na truncada República Federal da Iugoslávia. Na própria Sérvia havia duas províncias autônomas, Kosovo e Voivodina. Kosovo seria o alvo seguinte.

Comecemos com um pouco de história. Durante a Segunda Guerra Mundial, a milícia fascista albanesa da parte ocidental de Kosovo expulsou setenta mil sérvios e promoveu a imigração de igual número de albaneses da Albânia. No nordeste de Kosovo, a 21ª divisão da SS nazista, integrada por voluntários albaneses de Kosovo, massacrou milhares de sérvios, forçando muitos outros a fugir da província. Embora não chegasse a ser propriamente uma força de combate, essa divisão de fato contribuiu para o Holocausto, participando da captura e deportação de judeus de Kosovo e da Macedônia.[1]

Na esperança de aplacar o sentimento nacionalista albanês depois da guerra, o dirigente comunista iugoslavo Josip Broz Tito declarou KosovoMetohija região autônoma e, em 1963, província autônoma, mas ainda como parte da Sérvia. Os cem mil sérvios, aproximadamente, que tinham sido expulsos de Kosovo-Metohija durante a guerra não puderam retornar. E em 1969 o nome histórico sérvio de Metohija foi abandonado: a província passou a se chamar "Província Autônoma Socialista de Kosovo", mantendo apenas vínculos nominais com o resto da Sérvia.² A constituição de 1974 conferiu poderes adicionais não só aos kosovares, mas às diferentes repúblicas, debilitando o poder institucional e material do governo federal. A autoridade de Tito compensou essa fraqueza até sua morte em 1980", quando as forças centrífugas começaram a ganhar impulso, escreve Peter Gowan.³

Tito não fez muito esforço para desestimular a campanha albanesa de limpeza étnica contra os não albaneses de Kosovo. Entre 1945 e 1998, a população de sérvios, romas, turcos, goranos (eslavos muçulmanos), montenegrinos e vários outros grupos étnicos em Kosovo encolheu de cerca de 60% para aproximadamente 15%. Enquanto isso, o número de habitantes de etnia albanesa aumentava de 40% para 85%, graças a um alto índice de natalidade e sobretudo ao forte influxo de imigrantes da Albânia e à permanente expulsão de sérvios. Em suma, nos primeiros atos de limpeza étnica ocorridos em Kosovo, tanto durante a Segunda Guerra Mundial como depois, os sérvios eram vítimas, e não algozes. A mudança dramática no equilíbrio populacional fomentou as pretensões albanesas de domínio exclusivo da província. Em 1987, num remoto e ainda inocente momento de verdade, o *New York Times* publicou a reportagem de David Binder sobre Kosovo:

> Os membros de etnia albanesa do governo [provincial] têm manipulado regulamentações e fundos públicos para se apropriar de terras pertencentes aos sérvios. [...] Igrejas ortodoxas eslavas foram atacadas, bandeiras foram rasgadas. Poços foram envenenados e colheitas, queimadas. Meninos eslavos foram esfaqueados e alguns jovens de etnia albanesa foram instruídos pelos mais velhos a estuprar meninas sérvias. [...] À medida que os eslavos fogem dessa prolongada situação de violência, Kosovo vai-se tornando o que os nacionalistas de etnia albanesa exigem há anos [...] uma região albanesa "etnicamente pura".⁴

Outros observadores faziam relatos semelhantes: "Os albaneses [separatistas] de Kosovo perseguiam os sérvios. Profanavam suas igrejas, roubavam ou destruíam suas propriedades, recorriam à coação para obrigá-los a vender seus bens e praticavam outros atos para forçá-los a deixar Kosovo. Até profissionais sérvios [...] eram informados, como condição para manter seus empregos, de que tinham de aprender a língua albanesa."[5]

Como província autônoma da república sérvia, Kosovo gozava de direitos e poderes muito mais amplos na RFI que as minorias nacionais de qualquer país da Europa Ocidental ou dos Estados Unidos. Tinha um supremo tribunal próprio e a sua bandeira albanesa. A educação universitária era feita em albanês, com manuais e professores albaneses. Havia também jornais, revistas, televisão, rádio, cinemas e eventos esportivos e culturais em albanês. Toda educação abaixo do nível universitário era feita exclusivamente em albanês, língua radicalmente diferente do servo-croata. Com apenas 8% da população da Iugoslávia, Kosovo recebia até 30% do orçamento federal de fomento econômico, incluindo 24% dos créditos do Banco Mundial para o desenvolvimento. "As autoridades de Kosovo, segundo se descobriu mais tarde, usavam grande parte desses fundos para comprar terras dos sérvios e entregá-las a albaneses."[6] Por causa da corrupção e do mau planejamento, Kosovo constantemente ficava para trás por outras regiões da RFI, apesar das benesses de que desfrutava.

Apelos contínuos dos sérvios acossados em Kosovo eram ignorados em Belgrado — até que, em 1987, o novo presidente do Partido Comunista Sérvio, Slobodan Milošević, usou essa questão para fortalecer a facção do partido que apoiava uma política mais firme contra os secessionistas albaneses.[7] Dois anos depois, por iniciativa de Milošević, o governo federal revogou a constituição federal de 1974, que na prática permitia a Kosovo vetar políticas federais. Muitos albaneses que se recusaram a aceitar a reafirmação da autoridade de Belgrado foram afastados de cargos e empregos públicos. Os albaneses começaram a organizar instituições alternativas e a boicotar as federais, inclusive as eleições. Os separatistas albaneses de Kosovo se recusavam a pagar tarifas alfandegárias federais. A tensão aumentou, mas ainda estava muito aquém de uma guerra declarada.

O confronto político se transformou em conflito militar por causa do "Exército de Libertação de Kosovo", violentamente separatista. As origens do ELK são nebulosas. Há quem as situe em 1996, quando uma carta anunciando sua formação foi enviada à imprensa. A carta também assumia a responsabilidade pelo massacre, em fevereiro de 1996, de refugiados sérvios de Krajina que tinham se reassentado em Kosovo depois de fugir da Croácia. Inicialmente, o ELK era uma mistura de grupelhos, incluindo gângsteres, mercenários, donos de bordéis, fascistas e até alguns que se diziam seguidores do antigo dirigente marxista albanês Enver Hoxha.[8] Ainda em 1998, altos funcionários americanos denunciavam o ELK como organização terrorista, pelo menos em público. Veja, por exemplo, o que diz o enviando especial americano para a Bósnia, Robert Gelbard: "Condenamos firmemente os atos terroristas em Kosovo. O ELK é sem dúvida uma organização terrorista."[9]

O ELK voltava sua campanha de terror contra uma série de alvos sérvios em Kosovo, entre eles dezenas de delegacias de polícia, veículos policiais, uma sede local do Partido Socialista e aldeões, fazendeiros, funcionários e profissionais sérvios — na tentativa de provocar retaliações, radicalizar outros albaneses de Kosovo e agravar o conflito.

O ELK também atacava albaneses que se opusessem ao movimento separatista violento, que fossem membros do Partido Socialista da Sérvia ou de alguma maneira se mostrassem leais à Iugoslávia ou à República da Sérvia. A organização assassinava albaneses empregados em serviços sérvios ou da RFI, inclusive inspetores de polícia, trabalhadores dos serviços florestais, empregados dos correios e das empresas de utilidade pública.[10] Em 1996-1998, mais de metade das vítimas dos atentados do ELK em Kosovo-Metohija eram "colaboradores" de etnia albanesa. Por medo, muitos albaneses de Kosovo adotavam uma atitude de passividade ou aceitavam a situação com relutância.[11] De acordo com informações da Missão de Observação americana (Departamento de Estado), militantes do ELK tinham sequestrado pessoas, entre elas albaneses, que os denunciaram à polícia. Matavam aldeões albaneses e incendiavam suas casas se não entrassem para a organização — uma campanha de terror que ganhou novo patamar de audácia durante os bombardeios da OTAN em 1999.[12]

Uma dúzia de oficiais ou ex-oficiais do ELK, um diplomata albanês aposentado, um oficial reformado da polícia albanesa que trabalhou com o ELK e alguns diplomatas ocidentais declararam em depoimentos que dirigentes do ELK expurgaram e assassinaram rivais em potencial, entre eles outros líderes do próprio ELK. Em maio de 2000, 23 comandantes do ELK foram abatidos a tiros por outros elementos da organização. Pelo menos uma dúzia desses assassinatos teriam sido ordenados pelo chefe do ELK Hashim Thaci (amigo de Bernard Kouchner, dos Médicos sem Fronteiras, e do general da OTAN Wesley Clark), com apoio da própria polícia secreta da Albânia.[13]

Enquanto isso, os dirigentes ocidentais tratavam de se livrar da Liga Democrática de Kosovo (organização civil um pouco menos extremista que o ELK) e de representantes não separatistas da comunidade albanesa de Kosovo que buscavam uma solução diplomática e pacífica para o conflito com Belgrado. "Os líderes do ELK têm sido acusados de assassinar albaneses moderados de Kosovo [...]", observa Wayne Madsen. "Na verdade, segundo a televisão pública albanesa, o ELK tinha condenado à morte à revelia Irahim Rugova, o presidente da República de Kosovo eleito democraticamente. (O ELK boicotou a eleição vencida por ele em 1998.)"[14] No início de 1999, informou-se que Rugova tinha sido morto pelos sérvios. Na verdade, ele estava vivo e apareceu em Belgrado, lá permanecendo em reclusão, por medo do ELK.[15]

Os combatentes do ELK saudavam com o punho cerrado na testa, constrangedoramente lembrando a 21ª divisão SS e a milícia fascista da Segunda Guerra Mundial. Para melhorar sua imagem, a organização acabaria optando por uma saudação mais tradicional com a palma da mão aberta.[16] O comandante militar do ELK, Agim Çeku, era um antigo general de brigada do exército croata. Convicto adepto da "limpeza étnica", Çeku comandara a ofensiva croata contra Krajina que resultou na morte de centenas de pessoas e destruiu mais de dez mil residências de sérvios. Outro líder do ELK, Xhavit Haliti, sequer era de Kosovo, mas da Albânia propriamente dita, além de antigo oficial da temida polícia secreta albanesa, a Sigurimi, organização responsável por numerosas violações dos direitos humanos na Albânia.[17]

Além disso, o ELK há muito era peça importante do tráfico de drogas internacional multibilionário que atravessava a Europa em direção aos Estados Unidos, de acordo com a Europol (a Agência da União Europeia para a Cooperação Policial), a Agência Federal de Combate ao Crime da Alemanha, o Observatório Geopolítico das Drogas da França e o *Jane's Intelligence Review*. Até Christopher Hill, principal negociador americano e arquiteto do acordo de Rambouillet, se sente na obrigação de criticar o ELK por esse tráfico.[18] Um informe publicado em 1995 pela Agência de Fiscalização de Drogas dos EUA afirmava que "certos membros da comunidade de etnia albanesa da região sérvia de Kosovo passaram a recorrer ao tráfico de drogas para financiar atividades separatistas".[19]

Ao mesmo tempo, os líderes do ELK não apresentavam qualquer programa social de ajuda à população. Suas intenções pareciam se resumir a assegurar um Kosovo completamente independente da Iugoslávia, expurgado de todos os não albaneses e integrado a uma "Grande Albânia". Essa grande Albânia deveria incluir partes adicionais do Sul da Sérvia e partes da Macedônia, de Montenegro e da Grécia.[20]

Os acontecimentos em Kosovo se assemelhavam a operações secretas da CIA na Indochina, na América Central, no Haiti e no Afeganistão, onde assassinos e mercenários de direita eram em parte financiados pelo tráfico de drogas.[21] Em questão de um ano, os rebeldes do ELK sofreram uma transformação mágica por parte dos altos funcionários ocidentais, deixando de ser terroristas e traficantes de drogas para se tornar "combatentes da liberdade" que supostamente representavam os interesses de todos os albaneses de Kosovo. Em 1998, o ELK teve um "crescimento rápido e surpreendente", segundo o *New York Times*, passando a contar com considerável número de mercenários da Alemanha e dos Estados Unidos, que às vezes assumiam posições de liderança.[22] O ELK recebeu instalações de treinamento, armas e outras formas generosas de ajuda da Alemanha, dos Estados Unidos, da Albânia e de organizações fundamentalistas islâmicas — o suficiente para passar de um ajuntamento de marginais a uma força bem financiada e que contava com algumas das armas mais avançadas.[23] Em 2000, agentes da CIA reconheceram, falando a jornalistas do *Sunday Times* londrino, que haviam treinado, equipado e apoiado combatentes do ELK já em 1998 — muito *antes* do início dos ataques aéreos da OTAN, no exato momento em que a Casa Branca fingia assumir o papel de mediadora empenhada em resolver o conflito em Kosovo.

Os ataques do ELK tiveram prosseguimento durante mais de um ano, só então suscitando uma reação articulada da polícia e dos paramilitares da Iugoslávia. "No verão de 1998", escreve Edward Herman, "forças de segurança sérvias finalmente morderam a isca e entraram pelo interior de Kosovo para erradicar o ELK."[24] Esse conflito custou cerca de duas mil vidas dos dois lados, segundo fontes albanesas de Kosovo. Fontes iugoslavas avaliam o número de vítimas em oitocentos, mais ou menos o mesmo número de homicídios cometidos em Atlanta, na Geórgia (EUA), no mesmo período. As baixas foram registradas sobretudo em áreas em que havia atuação ou suspeita de atuação do ELK. Como tantas vezes acontece, a população civil foi a mais atingida, e as forças de segurança iugoslavas foram responsáveis pela maior parte dessas baixas, cumprindo a nada invejável missão de distinguir insurgentes armados de simpatizantes desarmados.[25]

Foi esse também o período em que supostamente teriam começado as expulsões em massa e a limpeza étnica em Kosovo. Mas Rollie Keith, que atuou como um dos 1.380 monitores de uma Missão de Verificação da OSCE em Kosovo (MVK), informa que não havia refugiados internacionais nos cinco últimos meses dos tempos de paz (novembro de 1998 a março de 1999) e que o número de pessoas deslocadas internamente e compelidas a se refugiar nas colinas ou em outras aldeias por causa dos combates era de apenas alguns milhares nas semanas anteriores ao início dos bombardeios. Segundo Keith, os monitores do ELK observaram que "a situação de cessar-fogo se deteriorava, com crescente incidência de ataques de provocação do Exército de Libertação de Kosovo contra forças de segurança da Iugoslávia". Eram "claras violações do acordo do anterior mês de outubro (Holbrooke-Milošević)", causando "aumento significativo das retaliações iugoslavas". Entretanto, insiste ele, "não presenciei nem tive conhecimento de qualquer incidente da chamada 'limpeza étnica', e certamente não houve casos de 'políticas genocidas' enquanto estava com o ELK em Kosovo".[26]

A tática do ELK era perfeitamente clara. Era do interesse da Iugoslávia realizar um cessar-fogo, promover uma diminuição do conflito, preservar o *status quo* e evitar a destruição que uma ação militar da OTAN causaria. Mas os interesses do ELK eram exatamente opostos: intensificar o conflito político para transformá-lo em confronto militar, mediante atos de violência e terrorismo que acabassem provocando retaliação das forças sérvias; evitar um acordo negociado;

alimentar o conflito permanentemente; não fazer qualquer menção aos assassinatos e sequestros cometidos por seus combatentes, mas, com a ajuda de uma imprensa ocidental benevolente, condenar as retaliações iugoslavas como as mais terríveis atrocidades de massa ocorridas na Europa desde os nazistas; e dar à OTAN o pretexto desejado para promover seus ataques "humanitários" contra a Iugoslávia. Por esse motivo, o ELK repetidamente violava o cessar-fogo, procurando envolver as forças iugoslavas nos confrontos. Era esse o verdadeiro objetivo, e não alguma expectativa realista de vitória no campo de batalha. Sob todos os aspectos, a estratégia se revelou bem-sucedida — em grande medida porque os intervencionistas ocidentais prontamente se dispuseram a cooperar.[27]

A alegação da Casa Branca de que a OTAN só recorreu à força em Kosovo depois de as tentativas diplomáticas falharem era uma mentira grosseira, exatamente como as que foram usadas para justificar a intervenção na Croácia e na Bósnia. O plano de intervenção militar da OTAN já estava em grande parte estabelecido no verão de 1998.[28] No fim desse ano, quando a situação militar do ELK passava de mal a pior, os dirigentes americanos declararam uma "crise humanitária" e ordenaram que Belgrado retirasse de Kosovo as tropas da RFI.

UM PENTÁGONO PRIVADO

O aprimoramento do ELK foi realizado em parte pela Military Professional Resources Inc. (MPRI), empresa privada administrada por funcionários de alta patente do Pentágono aposentados. A MPRI emprega centenas de especialistas provenientes das forças militares americanas, desde boinas verdes até pilotos de helicópteros. Ela assinou com o Departamento de Estado americano um contrato de quatrocentos milhões de dólares para treinar e equipar o exército da Federação Muçulmano-Croata da Bósnia. A MPRI também ajudou a montar na Bósnia fábricas de armas e escolas de treinamento militar com equipes de muçulmanos e croatas.

O apoio secreto do governo Reagan a mercenários na guerra contra a Nicarágua, na chamada operação Irã-Contras, causou um escândalo ao ser revelado. O mesmo não ocorreria no caso da campanha secreta do governo Clinton para armar os muçulmanos da Bósnia e posteriormente o ELK. A Lei da Liberdade de Informação não se aplica a operações efetuadas por empresas privadas mercenárias como a MPRI. Essas empresas podem argumentar que essas informações são de propriedade particular, logo, que não estão sujeitas a escrutínio público. Ao privatizar o envolvimento militar governamental, essas operações ficam fora do alcance do público e da obrigação democrática de prestar contas.[30]

Surgiu então mais uma história oportuna e bem articulada de atrocidades sérvias, dessa vez por obra de William Walker, o diplomata americano que primeiro se destacou em El Salvador como defensor dos assassinos patrocinados pelos EUA.[29] Walker levou um grupo de jornalistas para ver os cadáveres de 44 homens e uma mulher supostamente executados pela polícia iugoslava na aldeia kosovar abandonada de Racak, no fim de janeiro de 1999. A história foi manchete no mundo inteiro, sendo usada para justificar os bombardeios da OTAN que começaram dois meses depois. Mas uma equipe de televisão da Associated Press havia filmado a batalha ocorrida no dia anterior em Racak, durante a qual a polícia sérvia matou alguns combatentes do ELK. A polícia não parecia ter nada a esconder, já que convidara a imprensa a presenciar o ataque. Depois da batalha, os policiais foram vistos levando embora em seus veículos as armas automáticas e metralhadoras pesadas que haviam capturado. Na manhã seguinte, sem a presença da polícia, o ELK estava de volta à aldeia.

Vários grandes jornais europeus, como *Le Figaro* e *Le Monde*, puseram em dúvida a história fornecida à imprensa por Walker. Frisavam que estava diretamente em contradição com o filme da AP. A equipe de TV não viu qualquer indício de execução em massa, como tampouco o jornalista francês do *Le Monde* que chegou ao local mais tarde nesse mesmo dia.

Os próprios monitores de Walker no MVK também não fizeram relatos dessa natureza a ele nem a ninguém mais. Outras questões permaneciam sem resposta: por que os jornalistas encontraram tão poucos cartuchos de munição e quase nenhum sangue em torno da vala onde as execuções teriam ocorrido? Sabia-se que aldeia era um bastião do ELK, tendo a maioria dos moradores fugido muito antes do dia em que os combates ocorreram. Como poderiam esses 44 homens e essa mulher serem inocentes habitantes civis de Racak? (O ELK contava em suas fileiras com algumas mulheres combatentes.)

O governo iugoslavo reagiu com indignação às acusações de Walker, exigindo que fossem realizadas autópsias em todos os corpos, frente às tentativas de enterrá-los imediatamente "em conformidade com as práticas muçulmanas". Algum tempo depois foram divulgados os resultados das autópsias realizadas por especialistas forenses da Bielorrússia e da Finlândia. Eles concluíam unanimemente que todos os ferimentos tinham sido infligidos à distância, contradizendo a afirmação de Walker de que vira "corpos com os rostos dilacerados a curta distância, à maneira de execuções". Não havia sinais de mutilação, e 37 dos cadáveres apresentavam resíduos de pólvora nas mãos, sugerindo fortemente que eram combatentes do ELK mortos em ação. Com toda probabilidade, tinham sido colocados na vala naquela noite ou na manhã seguinte pela unidade do ELK que retornara, para criar a impressão de um massacre.[31] Walker, então, convenientemente apareceu no local com um pequeno exército de jornalistas para ajudar a transformar uma derrota militar numa vitória da propaganda.

Nenhum desses fatos foi registrado pelos meios de comunicação americanos. Um ano depois, em fevereiro de 2000, o programa *Frontline*, do PBS, punha no ar uma reportagem sobre Racak exatamente do jeito como Walker gostaria, sem se deter em nenhuma das questões levantadas por testemunhas mais críticas. *Frontline* informava falsamente que haviam sido encontradas crianças entre os "massacrados", embora as imagens mostrassem apenas corpos de adultos. "Em questão de dias", dizia o narrador, "a paisagem política efetivamente mudou. Racak foi um momento decisivo." No mesmo programa, a secretária de Estado Madeleine Albright declarou que medidas drásticas tinham de ser tomadas quando "algo terrível como Racak pode acontecer".[32] E três dias depois das acusações de Walker, com efeito, Albright fez uma nova exigência: ocupação militar de toda a Iugoslávia pela OTAN e autonomia para Kosovo. Se Belgrado se opusesse, seria bombardeada.[33] Estava montada a cena para a agressão diplomática lançada em Rambouillet algumas semanas depois.

11

A EMBOSCADA DE RAMBOUILLET

Em fevereiro de 1999, em reuniões realizadas na cidade francesa de Rambouillet, a delegação multiétnica da Iugoslávia (composta de sérvios de Kosovo, romas e representantes albaneses e egípcios) se reuniu com funcionários americanos, entre eles a secretária de Estado Madeleine Albright, na expectativa de negociar um acordo. A Grã-Bretanha e a França estavam na presidência. Os iugoslavos tinham feito algumas propostas, todas praticamente ignoradas pela mídia ocidental. Entre elas:

- Um acordo para pôr fim às hostilidades em Kosovo e buscar uma "solução pacífica por meio do diálogo".
- Garantias de respeito aos direitos humanos de todos os cidadãos e promoção da identidade cultural e linguística de cada comunidade nacional.
- Facilitar a volta dos cidadãos deslocados a suas casas.
- A mais ampla liberdade possível para os meios de comunicação.
- Uma assembleia legislativa eleita por representação proporcional, com assentos adicionais reservados para as diferentes comunidades nacionais. Sob a responsabilidade da assembleia estariam — paralelamente ao estabelecimento do orçamento e dos impostos — a

educação, o meio ambiente, as instituições médicas, o planejamento urbano, a agricultura, as eleições, o direito de propriedade e o desenvolvimento econômico, científico, tecnológico e social.[1]

As propostas de Belgrado não foram aceitas como base para as negociações. No seu lugar, o Departamento de Estado apresentou um documento de noventa páginas, o "Acordo de Paz de Rambouillet", exigindo total autonomia para Kosovo, retirada das tropas iugoslavas da província e ocupação pelas forças da OTAN. Parte historicamente integrante da Sérvia, Kosovo se tornaria independente na prática. Mesmo separada, contudo, a província poderia exercer influência na Iugoslávia e na Sérvia, enviando representantes aos parlamentos, gabinetes ministeriais e tribunais iugoslavos e sérvios, ao passo que a Iugoslávia e a Sérvia ficariam impedidas de qualquer interferência nas questões de Kosovo.

Era este exatamente o aspecto unilateral da constituição de 1974, que durante a maior parte da década de 1980 dera aos albaneses direito de veto nas questões sérvias. Ela tornava Kosovo efetivamente independente da Sérvia e da Iugoslávia, sem que a Sérvia e a Iugoslávia fossem independentes de Kosovo. Em nome da autonomia, a constituição de Kosovo anulava as constituições iugoslava e sérvia. Em resposta a insistentes reivindicações populares, o parlamento sérvio aprovara em votação que a autonomia de Kosovo fosse reduzida a padrões federais mais habituais, que tinham prevalecido antes de 1974. Isso provocou um boicote albanês generalizando das instituições sérvias e a rejeição dos consideráveis direitos democráticos de que Kosovo ainda desfrutava. De qualquer maneira, a frequente acusação de que o implacável ditador Milošević privou Kosovo de sua autonomia é uma séria distorção dos fatos.[2]

O "acordo" de Rambouillet obrigou a Iugoslávia a continuar fornecendo a Kosovo ajuda direta e uma parte "equitativa" da receita federal, mas sem qualquer autoridade sobre os recursos e propriedades federais que ficaram em Kosovo. O "acordo" prometia ajuda substancial a Kosovo, mas nenhuma assistência aos 650 mil refugiados que se encontravam na Sérvia, nem a suspensão das sanções adotadas contra a Sérvia.[3]

Pelos termos de Rambouillet, uma Missão Civil de Implementação (MCI) designada pela OTAN governaria Kosovo, o que lembrava o controle colonial dos EUA e da UE sobre a Federação Muçulmano-Croata na Bósnia e a Republika Srpska. O chefe da MCI teria "autoridade para impor diretrizes às Partes [Iugoslávia e Kosovo] em todas as questões importantes que considerar necessário, inclusive a nomeação e o afastamento de funcionários e a imposição de restrições às instituições".[4] O "acordo" de Rambouillet teria transformado Kosovo numa colônia da OTAN, boa parte do caminho andado para subordinar toda a Iugoslávia.

Os responsáveis pelas decisões no Ocidente há muito tinham deixado claro que uma parte grande demais da economia iugoslava permanecia no setor público não lucrativo, inclusive o complexo mineiro de Trepča, em Kosovo, considerado pelo *New York Times* "o mais brilhante tesouro de guerra [...] o bem de raiz mais valioso dos Bálcãs [...] valendo pelo menos 5 bilhões de dólares" em depósitos de carvão, chumbo, zinco, cádmio, ouro e prata.[5] De acordo com as propostas de Rambouillet, as minas de Trepča estavam entre os bens federais de que os iugoslavos teriam de se despedir, privatizando-os.

A delegação iugoslava em Rambouillet concordou em conceder uma independência *de facto* a Kosovo, inclusive com controle dos sistemas de religião, educação e assistência de saúde, além dos governos locais. Mas procurou negociar mudanças que (a) permitissem à RFI preservar sua autoridade na economia e na política externa, e (b) limitassem qualquer presença internacional em Kosovo a ações de observação e assistência. "As tentativas sérvias de negociação foram sumariamente descartadas, sendo dito aos sérvios que tinham apenas duas alternativas: assinar o acordo tal como apresentado ou enfrentar bombardeios da OTAN."[6]

LIVRE MERCADO *ÜBER ALLES*

Os funcionários americanos presentes em Rambouillet deixaram perfeitamente claro sua total devoção ao livre mercado. O Capítulo 4º, Artigo 1º, do "acordo" de Rambouillet declara sem margem a dúvidas: "A economia de Kosovo funcionará de acordo com os princípios do livre mercado." Não poderia haver qualquer restrição ao movimento de "bens, serviços e capital para Kosovo". Não foi preciso incomodar os cidadãos de Kosovo e do resto da Sérvia para saber a opinião deles. Assim como em todos os demais aspectos do "acordo", as questões de comércio, investimento e propriedade das empresas foram resolvidas em nome deles pelos responsáveis ocidentais.

Para se certificar de que a guerra não poderia ser evitada, a delegação americana acrescentou um protocolo militar singular, que subordinava toda a Iugoslávia a uma extraterritorialidade equivalendo a um franco domínio colonial. As forças da OTAN deveriam ter acesso irrestrito a toda a Iugoslávia. No Apêndice B do acordo de Rambouillet, podemos ler:

6.b. O pessoal da OTAN [militar e civil], em todas as circunstâncias e a qualquer momento, estará imune à [...] jurisdição com respeito a qualquer delito civil, administrativo, penal ou disciplinar que possa ter cometido na RFI [a República Federal da Iugoslávia].
7. O pessoal da OTAN estará isento de qualquer forma de prisão, investigação ou detenção pelas autoridades da RFI.
8. O pessoal da OTAN, assim como seus veículos, embarcações, aeronaves e equipamentos, gozará de livre e irrestrito trânsito e acesso desimpedido em todo o território da RFI, inclusive o espaço aéreo e as águas territoriais.

A OTAN poderia fazer uso irrestrito de aeroportos, rodovias, ferrovias e portos, ficando livre de qualquer obrigação de pagamento de impostos, taxas, tarifas e outros custos. A uma "simples solicitação" da OTAN, a Iugoslávia teria de "fornecer todos os serviços de telecomunicações, inclusive serviços de radiodifusão e teledifusão" necessários para as operações, "conforme determinado pela OTAN". Estaria incluído nisso "o direito de usar todo o espectro eletromagnético com essa finalidade, livre de qualquer custo". Em outras palavras: a OTAN podia se apropriar de todas as ondas aéreas da Iugoslávia. A organização também poderia aperfeiçoar ou modificar conforme necessário, para seu uso, "certas infraestruturas da RFI, como rodovias, pontes, túneis, construções e sistemas de utilidade pública".[7]

Na prática, não apenas Kosovo, mas toda a Iugoslávia seria submetida à regência da OTAN. As forças da organização não teriam de prestar contas a ninguém, podendo atuar como bem quisessem em toda a extensão do território da RFI. Um claro indício da má-fé dos dirigentes e meios de comunicação ocidentais é o fato de terem conseguido ocultar essa parte escandalosa do documento de Rambouillet.

O "acordo" de Rambouillet não foi em absoluto um acordo, um acerto negociado, mas um ultimato para a rendição incondicional, uma imposição que significava a morte para a Iugoslávia, e não podia ser aceita por Belgrado. Escreveu John Pilger: "Qualquer um que examine com atenção o documento de Rambouillet não terá muita dúvida de que as desculpas apresentadas para o posterior bombardeio eram inventadas. As negociações de paz foram encenadas, e o que se disse aos sérvios foi: entreguem-se e aceitem a ocupação, ou não se entreguem e sejam destruídos."[8]

Rambouillet, na verdade, foi uma emboscada. Ronald Hatchett resumiu bem o que aconteceu: foi "uma declaração de guerra disfarçada de acordo de paz".[9] George Kenney, ex-funcionário da seção do Departamento de Estado para a Iugoslávia, corrobora esse ponto de vista: "Uma fonte fidedigna que costuma viajar com a secretária de Estado Madeleine Albright disse [ao autor, Kenney] que [...] um alto funcionário do Departamento de Estado se vangloriava de que os Estados Unidos 'deliberadamente fizeram exigências que iam além do que os sérvios podiam aceitar'. Segundo esse funcionário, os sérvios precisavam de alguns bombardeios para cair em si."[10] James Jatras, assessor de política externa de senadores republicanos, relatou basicamente a mesma história em um discurso pronunciado em maio de 1999.[11] Havia da parte dos EUA uma estratégia proposital de forçar exigências inaceitáveis para fazer com que Milošević parecesse um beligerante recalcitrante, criando assim um pretexto para o massacre aéreo da OTAN.

Os dirigentes americanos queriam fazer crer que eram os sérvios, com sua intransigência, liderados pelo diabólico Milošević, que se recusavam a negociar. Na verdade, como vimos, era o governo americano que rejeitava qualquer tipo de diplomacia séria. O resto é história. Belgrado se recusou a assinar o ultimato de Rambouillet. Invocando o pretexto da história de atrocidades em Racak semanas antes, a OTAN castigou a Iugoslávia com ataques aéreos ininterruptos durante onze semanas, de 24 de março a 10 de junho de 1999, supostamente para salvar os albaneses de Kosovo de um genocídio e apresentar aos sérvios as maravilhas da democracia ocidental.

12

OS CRIMES DE GUERRA DA OTAN

Infelizmente, são os poderosos que ditam as leis do mundo — e os poderosos que as ignoram quando lhes convém. Os ataques contra a Iugoslávia de março a junho de 1999 violavam as seguintes leis internacionais e nacionais:

- A Carta da ONU é perfeitamente clara nas garantias à soberania e à integridade territorial da República Federal da Iugoslávia. A RFI não tinha atacado nenhum país membro das Nações Unidas; portanto, não havia motivos para entrar em guerra contra ela. Segundo a Carta da ONU, uma iniciativa coletiva só pode ser tomada com a aprovação do Conselho de Segurança, o que era improvável, pois a China e a Rússia certamente a vetariam. As potências da OTAN, assim, simplesmente ignoraram as Nações Unidas.
- A carta da própria OTAN afirma que a organização só pode tomar uma iniciativa militar em reação a uma agressão contra um dos seus países membros. A Iugoslávia não tinha atacado nenhum país membro da OTAN.
- O Artigo I, Seção 8 da Constituição dos EUA exige que uma declaração de guerra seja aprovada pelo Congresso. O subsecretário de Estado Thomas Pickering, depondo em nome do governo Clinton na Comissão de Relações Internacionais da Câmara dos Deputados,

reconheceu que Kosovo fazia parte de um Estado soberano, e que bombardear um Estado soberano era um ato de guerra. Quando lhe perguntaram se um ato de guerra exigia aprovação do Congresso, Pickering desconversou: "Nem todos os atos de guerra o exigem." A Constituição, assim, era convenientemente contornada. O deputado Tom Campbell, republicano da Califórnia, queixou-se na ocasião: "Não havia uma emergência que impedisse o presidente de expor seus argumentos ao Congresso. Ele simplesmente preferiu não fazê-lo."[1]

- A Lei dos Poderes de Guerra exige que o presidente obtenha autorização do Congresso para promover uma "ação" militar limitada por mais de sessenta dias. Os bombardeios prosseguiram além de sessenta dias e a Casa Branca não moveu um dedo para levar a questão ao Congresso. Os falcões liberais do Congresso tampouco manifestaram a mais leve preocupação com o caráter ilegal da guerra de Clinton.

A Resolução dos Poderes de Guerra declara que o poder constitucional do presidente, como comandante-em-chefe, de conduzir as forças armadas dos EUA a hostilidades ou situações em que haja clara iminência de hostilidades pode ser posto em prática "exclusivamente de acordo com (1) uma declaração de guerra, (2) uma autorização específica por estatuto ou (3) uma emergência nacional gerada por um ataque aos Estados Unidos, seus territórios ou possessões, ou a suas forças armadas".[2] Nenhuma dessas condições existia em março de 1999.

Foi o deputado Abraham Lincoln, comentando a guerra do presidente Polk contra o México (1846-1848), quem disse: "Permitir que o presidente invada um país vizinho, sempre que ele julgar necessário para rechaçar uma invasão [...] é permitir-lhe entrar em guerra a seu bel-prazer", o que significaria deixar "nosso presidente na posição em que os reis sempre estiveram". Os pais da Constituição, prosseguia Lincoln, reconhecendo que a guerra era "a mais opressiva das opressões reais", decidiram reservar o poder de entrar em guerra ao corpo de representantes eleitos, o Congresso.[3]

Com o ataque da OTAN contra a Iugoslávia, temos a primeira guerra de grandes proporções declarada por um organismo que não tem eleitorado nem geografia, prerrogativas de um Estado-nação. "A OTAN não tem capital, eleições nem existência natural. Pela primeira vez na história, uma instituição declarou guerra a um país."[4] Desse modo, o comando e o controle do mundo ficam cada vez mais nas mãos de corporações e das organizações que as apoiam, como o Banco Mundial, o Fundo Monetário Internacional, a Organização Mundial do Comércio (OMC) e a OTAN.[5] Com o ataque à Iugoslávia, Clinton e a OTAN declararam guerra à soberania democrática e ao direito dos cidadãos de ter voz nas políticas promovidas em seu nome.

Além das leis internacionais, os dirigentes americanos também descartaram a diplomacia tradicional, que consiste em um processo de negociação de disputas mediante concessões mútuas, propostas e contrapropostas, uma maneira de forçar os interesses de uma das partes apenas até certo ponto, para alcançar afinal uma solução que pode deixar um lado mais insatisfeito que o outro, mas não a ponto de forçar nenhum dos dois a optar pela guerra.

OTAN *VERSUS* SOBERANIA CANADENSE

Nem só a soberania iugoslava foi violada pelas ações ilegais da OTAN. A soberania canadense também foi violentada. O Canadá se viu envolvido em uma guerra sem que qualquer membro do seu parlamento ou do seu povo fosse consultado. A suprema expressão da soberania de uma nação é o direito de declarar guerra. A OTAN aboliu esse direito. Se é essencial abrir mão de alguma parte da própria soberania como preço a pagar pela integração a instituições globais como a OTAN, é por outro lado imperativo que essas instituições obedeçam às próprias regras, respeitem as leis e atuem no contexto globalmente aceito da Carta das Nações Unidas. Não foi o que a OTAN fez.[6]

Já a diplomacia americana é diferente, como ficou claro nas relações do país com o Vietnã, a Nicarágua, o Panamá, o Iraque e, então, a Iugoslávia. Ela consiste em apresentar um conjunto de exigências inegociáveis, mas chamadas de "acordo" ou "pacto". A relutância do outro lado em aceitar todas as condições — no caso de Rambouillet, abrir mão da própria soberania — é chamada de "criação de empecilhos" e condenada publicamente como falta de disposição de negociar com boa-fé. Somos informados de que os dirigentes americanos acabam perdendo a paciência porque suas "ofertas" são "desprezadas" ou "rejeitadas". São lançados então ultimatos e o país recalcitrante é submetido à destruição aérea para aprender a se comportar da maneira como Washington espera. A secretária de Estado de Clinton, Madeleine Albright, supostamente a principal diplomata do país, deixava clara sua impaciência com as tratativas diplomáticas normais. Referindo-se ao período posterior a Rambouillet, logo antes do início dos ataques aéreos da OTAN, ela disse: "Eu ficava cada vez mais frustrada por estarmos fazendo isso de maneira pacífica. [...] Precisávamos agir."[7]

Esse tipo de ação violava princípios fundamentais da moral. Do ponto de vista da Casa Branca, como a intenção declarada dos ataques aéreos não era matar civis, as mortes de civis não passavam de incidentes lamentáveis, sem acarretar qualquer responsabilidade moral. Em outras palavras: só as intenções declaradas dos atos importavam, e não seus efeitos inelutáveis e previsíveis.

Mas não seria assim segundo as leis da sociedade civil. Uma pessoa incorre em responsabilidade penal por qualquer ato que cause inevitavelmente danos graves a outras pessoas, mesmo que não tenha essa intenção. Suponhamos que um homem invista contra uma multidão com seu carro, matando ou ferindo algumas pessoas. Ele dirá que não tinha intenção de ferir ninguém, mas estava com pressa. Como, segundo seus argumentos, as mortes não foram intencionais, mas acidentais, ele se declara inocente. Mas de acordo com a lei, seu ato de modo algum está livre da responsabilidade penal. Mesmo não tendo intenção de ferir os pedestres, e apesar da necessidade urgente de chegar na hora ao trabalho, ele seria processado por atirar imprudentemente o veículo contra uma multidão de pedestres, inevitavelmente causando danos. O caráter previsivelmente inelutável do incidente o torna algo mais que um acidente inocente.

No caso do Estado-nação, esses princípios morais são invertidos. Sabe-se que o bombardeio de áreas povoadas levará à morte de civis inocentes. Mas de repente o caráter inevitável das mortes e ferimentos se torna exatamente o que os torna moralmente admissíveis. Como as mortes de civis causadas por bombas não são intencionais, mas são inevitáveis, teremos simplesmente de aprender a aceitá-las como uma dessas coisas lamentáveis acarretadas pela guerra. Não se pode, portanto, botar a culpa nas pessoas que ordenaram o bombardeio.

Mas cabe perfeitamente perguntar até que ponto a morte de civis não tem sido intencional. George Kenney, funcionário do Departamento de Estado no governo Bush, pondera: "Lançar bombas de fragmentação em áreas urbanas com alta densidade populacional não resulta em baixas acidentais. Trata-se de bombardeios de terror propositais."[8] (O uso de bombas de fragmentação é em si uma violação das leis internacionais e um crime de guerra.) Os planejadores da OTAN chegaram a explicitar previamente o número estimado de pessoas que seriam mortas quando bombardeassem um prédio de escritórios em Belgrado onde estavam sediados partidos políticos e estações de rádio e televisão: cinquenta a cem funcionários governamentais e dos partidos e 250 outros civis. Como observa William Blum, esses eram dirigentes e responsáveis por decisões de caráter público conscientemente planejando atingir determinado alvo, matando intencionalmente um número considerável de pessoas e depois alegando publicamente que *não foi intencional*.[9]

Durante a maior parte da campanha de ataques aéreos, os porta-vozes da OTAN negavam reiteradamente que tivessem alvos civis. As baixas civis eram ou descartadas como acidentes lamentáveis ou atribuídas aos sérvios. Quando, por exemplo, Belgrado acusou aviões da OTAN de terem atingido um comboio de refugiados, matando dezenas de civis, o comandante supremo da organização, o general Wesley Clark, responsabilizou as forças iugoslavas pelo ataque. Ele viria a se retratar posteriormente, e a OTAN acabou assumindo a responsabilidade pelo "acidente".[10]

Às vezes os agressores da OTAN defendiam suas atrocidades alegando que um alvo civil na verdade era militar, como, por exemplo, quando o porta-voz Jamie Shea declarou sem hesitação que o bombardeio do hospital de Surdulica foi proposital porque, na verdade, se tratava de um quartel militar. O que era uma mentira descarada. Jornalistas que visitaram Surdulica depois do bombardeio encontraram um sanatório terrivelmente danificado, com restos mortais de civis.[11]

Durante a guerra, um repórter perguntou a Jamie Shea por que, se os dirigentes da OTAN consideram as leis internacionais tão importantes, eles afirmavam que a Corte Internacional de Justiça e o Tribunal Penal Internacional não tinham jurisdição sobre o que a OTAN estava fazendo ao povo da Iugoslávia. Shea respondeu que os dois organismos tinham sido criados basicamente por países integrantes da OTAN. "Foram países da OTAN que financiaram a criação do tribunal; estamos entre os principais financiadores." Observou ainda que as acusações da Iugoslávia à OTAN estavam na esfera da convenção sobre o genocídio. "Essa convenção não se aplica aos países da OTAN. Quanto a quem se aplica, acho que já temos a resposta."[12] A posição de Shea era clara: se a OTAN matasse inocentes, estava fora da jurisdição dos tribunais e cortes internacionais; se os sérvios matassem inocentes, era um crime de guerra.

Os informes à imprensa previamente mastigados, os argumentos sofísticos e as infindáveis mentiras não foram capazes de encobrir o caráter desumano dos ataques aéreos da OTAN contra hospitais, escolas, um trem de passageiros, dois ônibus, a ponte de uma aldeia em dia de feira, igrejas, residências rurais e prédios de apartamentos. A Human Rights Watch — organização que raramente se afasta do paradigma intervencionista global dos EUA — publicou um relatório em que dizia que "não encontrou provas de crimes de guerra" cometidos pela OTAN, estimando em "mais de quinhentos" o número de civis mortos pelos ataques aéreos, o que ficava próximo da estimativa de algumas centenas divulgada pela própria OTAN. (Belgrado declarou que quinhentos militares e dois mil civis foram mortos, além de seis mil feridos.) Mas até a Human Rights Watch ponderou que a OTAN pode ter causado um número "excessivo" de baixas entre os civis e violado a Convenção de Genebra ao usar bombas de fragmentação, atacar alvos duvidosamente caracterizados como militares e não tomar as medidas adequadas para alertar civis sobre os ataques ou identificar a presença de civis durante as investidas.[13]

O fato de os ataques da OTAN contra alvos civis não serem em geral resultado de "erros" foi confirmado pelo capitão Martín de la Hoz, que participou das missões de bombardeio como piloto de um F-18. Várias vezes o seu superior, um coronel espanhol, enviou protestos aos comandantes da OTAN a respeito da designação de alvos não militares, sendo rudemente rechaçado. "Certa vez, recebemos uma ordem codificada dos militares americanos para lançar bombas antipessoais nas localidades de Pristina e Niš", relatou o capitão de la Hoz. "O coronel se recusou terminantemente, e dois ou três dias depois chegou [sua] ordem de transferência. [...] Todas as missões que empreendemos, absolutamente todas, eram planejadas pelas mais altas autoridades militares americanas. Mais que isso, eram detalhadamente planejadas, incluindo os aviões a serem usados para o ataque, os alvos e o tipo de munição que tínhamos de lançar."

E ele concluía: "Eles estão destruindo o país, bombardeando com armas novas, gases nervosos tóxicos, minas de superfície lançadas de paraquedas, bombas contendo urânio, napalm negro, agentes químicos de esterilização, pulverizações para envenenar colheitas e armas sobre as quais nem nós sabemos do que se tratam. Os americanos estão cometendo lá uma das maiores barbaridades que podem ser cometidas contra a humanidade."[14]

CONTRIBUIÇÕES DA OTAN À ARTE DE MATAR

Após o fim dos bombardeios, várias delegacias de Belgrado e imediações exibiram dezenas de fotos de oficiais mortos durante operações de resgate ou no cumprimento de outros deveres durante os ataques aéreos. Foram numerosas as baixas entre os socorristas. A OTAN tinha desenvolvido a técnica diabólica de bombardear um local e esperar quinze minutos — o suficiente para as equipes de socorro chegarem e começarem a trabalhar

— para atingir o alvo uma segunda vez, matando muitos dos socorristas e tornando extremamente perigosa a busca de sobreviventes. Esse método de ataques complementares retardatários contra alvos civis, com mísseis de precisão, foi uma das inovações da OTAN em matéria de crimes de guerra.[15]

Em palavras que poderiam pôr em dúvida sua humanidade, o comandante da OTAN, o general Wesley Clark, alardeava que o objetivo da guerra aérea era "demolir, destruir, devastar, degradar e por fim eliminar a infraestrutura essencial" da Iugoslávia. Não resta dúvida de que atrocidades foram cometidas por todos os lados, inclusive os sérvios, mas onde fica o senso de proporção? As matanças promovidas por paramilitares sérvios em Kosovo (muitas ocorridas *depois* do início da guerra aérea) não justificam o bombardeio ininterrupto de quinze cidades durante mais de dois meses, lançando centenas de milhares de toneladas de produtos químicos altamente tóxicos e cancerígenos na água, no ar e no solo, envenenando campos agrícolas e rios, matando e mutilando milhares de pessoas, expondo milhões de habitantes a urânio empobrecido e destruindo a capital produtiva de um país. Um tipo de agressão maciça como esse redunda num crime de guerra muito mais grave que qualquer coisa de que Milošević tenha sido acusado.

Para alguns, pode parecer surpreendente — ou irrelevante —, mas o direito internacional proíbe ataques aéreos irrestritos como os que OTAN despejou sobre a Iugoslávia. Destruir a infraestrutura de um país, seus sistemas de distribuição de água, usinas de energia, pontes, fábricas, hospitais, escolas, igrejas, agricultura, transportes civis e sistemas de comunicação — para não falar da concomitante destruição de vidas e dos ferimentos impostos a civis — é nada mais nada menos que um crime de guerra horrendo.[16] Entretanto, sendo a realidade do exercício do poder como é, grandes criminosos de guerra como Clinton, Blair e seus colaboradores continuam não sendo contestados.

Em junho de 1999, o presidente Clinton fez uma declaração de treze minutos em cadeia nacional de televisão, conseguindo juntar um número recorde de falsidades para justificar o ataque da OTAN e dos EUA à Iugoslávia:

Ficção: Clinton alegou que "as exigências de uma comunidade internacional indignada e unida foram atendidas".
Fato: A comunidade internacional, representada pelos 154 países membros das Nações Unidas, foi ignorada, sendo a guerra empreendida pela OTAN, dominada pelos EUA. Na verdade, como lembra Martin McLaughlin, boa parte da comunidade internacional ficou "indignada com a selvageria dos bombardeios da OTAN contra um país soberano".[17]
Ficção: Clinton alegou ter entrado em guerra "para permitir que o povo de Kosovo, vítima de algumas das piores atrocidades cometidas na Europa desde a Segunda Guerra Mundial, voltasse para casa em segurança e contando com um governo próprio".
Fato: A grande maioria dos albaneses de Kosovo não deixou suas casas até o início dos bombardeios, nem tinha sido submetida a atrocidades generalizadas, certamente não antes dos bombardeios da OTAN.
Ficção: Clinton alegou que a vitória da OTAN criou uma nova esperança de que os EUA e o resto do mundo estariam sempre dispostos a apoiar povos submetidos à opressão étnica ou religiosa.
Fato: O governo dos EUA apoia ativamente em todo o mundo dezenas de governos que oprimem minorias étnicas e religiosas, entre eles os da Indonésia, da Arábia Saudita, da Guatemala e do México, além de vários aliados da OTAN, com especial destaque para a Turquia, onde os assassinatos em massa e as expulsões de curdos vão muito além de qualquer coisa de que Milošević tenha sido acusado.
Ficção: Clinton elogiou os pilotos americanos por "arriscarem a vida para atacar seus alvos" e evitando causar baixas entre os civis, embora fossem "alvejados a partir de áreas povoadas".
Fato: Não houve baixas em combate entre os militares dos EUA e os pilotos americanos raramente corriam algum risco ao lançar milhares de toneladas de bombas em populações civis praticamente indefesas.[18]
Ficção: Clinton disse que "quando nossos esforços diplomáticos para impedir esse horror foram rechaçados e a violência aumentou, nós e nossos aliados decidimos agir".

Fato: Não houve um esforço diplomático em Rambouillet, apenas um ultimato que serviu de pretexto para um ataque militar. Aos sérvios foi exigido que assinassem o acordo de Rambouillet e aceitassem a ocupação irrestrita da Iugoslávia pela OTAN — caso contrário, seriam bombardeados.

Ficção: Clinton se vangloriou pelo fato de dezenove democracias terem enfrentado juntas "o mais duro desafio militar dos cinquenta anos de história da OTAN".

Fato: A Iugoslávia, país com onze milhões de habitantes, um exército pequeno e uma força aérea abaixo dos padrões, não representava um desafio militar sério para uma aliança que controla metade do PIB do mundo e é responsável por mais de metade dos gastos militares.[19] O "mais duro desafio militar" da história da OTAN foi, na verdade, um massacre sádico e unilateral de um pequeno país pelas forças militares mais poderosas do mundo reunidas.

Clinton afirmou também que a iniciativa da OTAN tinha impedido "a guerra mais ampla que esse conflito poderia ter desencadeado", que Belgrado dispunha de uma maneira perfeitamente pacífica de preservar Kosovo, mas preferiu não recorrer a ela, e que o diabólico "Sr. Milošević estava decidido a eliminar os kosovares albaneses de Kosovo, vivos ou mortos". Felizmente, graças à "nossa determinação", o novo século não começa em clima de indignação impotente, mas com uma nova afirmação da "dignidade humana e [dos] direitos humanos". Mais uma vez, vale a pena lembrar: o êxodo de albaneses de Kosovo começou *depois* dos bombardeios da OTAN, que pisotearam a dignidade humana e os direitos humanos. E, em Rambouillet, foram os EUA que rejeitaram uma solução "perfeitamente pacífica" para o conflito em Kosovo.

Em abril de 1999, enquanto choviam bombas e mísseis da OTAN na Iugoslávia, equipes de professores de direito do Canadá, do Reino Unido, da Grécia e da Associação Americana de Juristas formalizaram acusações de crimes de guerra contra a OTAN no Tribunal Penal Internacional para a Antiga Iugoslávia. Em novembro, dois advogados canadenses, David Jacobs e o professor de direito Michael Mandel, entregaram três grossos volumes de provas à promotora do ICTY Carla Del Ponte, em

Haia, para respaldar suas acusações de que 67 dirigentes da OTAN (entre eles Bill Clinton, Madeleine Albright, Tony Blair e Jean Chrétien) tinham causado a morte e a mutilação de milhares de civis e bilhões de dólares em prejuízos materiais. Os advogados disseram à juíza Del Ponte que a consideravam estar violando seus deveres legais pelo fato de o tribunal não tomar nenhuma iniciativa a respeito. Acrescentaram que, embora se apressasse para indiciar o presidente da Iugoslávia, Slobodan Milošević, durante o bombardeio ilegal da OTAN, o tribunal não tomara qualquer iniciativa contra os dirigentes da organização, levantando sérias questões quanto à sua imparcialidade.[20]

Dois meses depois, Del Ponte deixou claro que era improvável que se abrisse uma investigação formal sobre as ações de guerra da OTAN. A Casa Branca e o Pentágono se opunham a qualquer jurisdição internacional sobre as forças militares americanas, independentemente de qual fosse o mandato do ICTY.[21] O Tribunal Penal Internacional para a Antiga Iugoslávia foi criado pelo Conselho de Segurança das Nações Unidas em 1993, por sugestão de Madeline Albright e do governo americano. Seu financiamento é assegurado pelos países da OTAN, sendo os Estados Unidos o maior provedor, e ele recorre à OTAN para localizar e deter os suspeitos a serem levados a julgamento. Apesar de estar sediado em Haia, esse tribunal não tem qualquer ligação com a Corte Internacional de Justiça nem nenhum precedente no direito internacional ou na Carta da ONU. Dificilmente poderia ser considerado um organismo judicial independente.[22]

Os atos unilaterais de destruição cometidos na Iugoslávia pelas forças da OTAN comandadas pelos EUA — risivelmente qualificados como uma "guerra" — faziam parte da política americana de intervencionismo militar global. No último meio século, o Estado de segurança nacional americano se envolveu em numerosas guerras sanguinolentas, diretamente ou por intermediários, em lugares como Afeganistão, Angola, Colômbia, Camboja, Timor Leste, El Salvador, Guatemala, Laos, Moçambique, Nicarágua, Vietnã e Saara Ocidental. Há também os golpes e campanhas de desestabilização: Chile, Jamaica, República Dominicana, Irã, Iraque e outros. Além disso, os dirigentes americanos têm apoiado regimes brutalmente repressivos na Ásia, na África e na América Latina.

Nas duas últimas décadas, aproximadamente, a atividade militar americana tem sido motivo de consternação e indignação. Um país supostamente empenhado na manutenção da paz se envolveu quase constantemente em ataques militares contra outros países, o que inclui nada menos que sete grandes invasões ou campanhas de bombardeio (Granada, Panamá, Líbia, Iraque [1990-1991 e 1999], Somália, Bósnia e Kosovo); ocupações militares ainda em andamento (Haiti, Bósnia, Macedônia e Kosovo); e guerras e intervenções realizadas por intermediários em dezenas de outros países, resultando em centenas de milhares de mortes — um testemunho do militarismo cada vez mais desenfreado por trás do imperialismo americano.

13

A NARRATIVA DO GENOCÍDIO CONTINUA

Apesar das proclamações altissonantes, os dirigentes americanos e de outros países ocidentais trataram a Iugoslávia exatamente como costumam tratar outros povos do mundo inteiro. Entretanto, intelectuais "verdes" e "de esquerda" e vários liberais se convenceram de que, dessa vez, seus governantes de fato estavam agindo como combatentes indignados contra o genocídio. Como a guerra da OTAN contra a Iugoslávia era inegavelmente ilegal, precisava ser justificada em termos humanitários mais elevados: uma cruzada moral para impedir o maior de todos os males, Milošević e os genocidas sérvios.[1]

O exército iugoslavo era invariavelmente apresentado na mídia ocidental como "sérvio". Em 1992, suas tropas de fato eram predominantemente sérvias, mas havia nele várias outras nacionalidades — húngaros, turcos, egípcios, romas, eslovacos, goranos e judeus, além de conscritos vindos das populações croatas e albanesas da Sérvia e de Montenegro.

Ao terem início os bombardeios da OTAN, esse exército iugoslavo, juntamente com a polícia e forças paramilitares da República da Sérvia, empreenderam uma política de evacuação forçada dos albaneses de regiões que eram redutos do ELK ou estavam sob essa suspeita. Se os sérvios pretendiam promover um extermínio genocida da população albanesa de Kosovo, por que a estariam mandando embora? A se dar crédito às informações postas em circulação, houve muitos saques e casos de execução sumária de suspeitos de pertencerem ao ELK por parte de forças paramilitares sérvias. Mas a escala desses incidentes criminosos é indicativa de um movimento limitado de contrainsurgência, e não de um genocídio orquestrado.

Além disso, dezenas de milhares de albaneses fugiram de Kosovo por causa dos próprios bombardeios da OTAN, para se afastar dos constantes combates em terra entre as forças iugoslavas e o ELK ou simplesmente porque estavam com medo e com fome. Os refugiados da zona de guerra eram invariavelmente apresentados na mídia como "deportados". Entretanto, como disse uma albanesa que cruzou a fronteira para a Macedônia, quando uma equipe de jornalistas lhe perguntou se tinha sido expulsa pela polícia sérvia: "Não havia sérvios. Estávamos com medo das bombas."[2]

Durante os bombardeios, estima-se que entre 70 mil e 100 mil residentes *sérvios* de Kosovo também tenham fugido, assim como milhares de romas e outros grupos étnicos não albaneses.[3] Estariam por acaso fazendo a limpeza étnica de si mesmos? Ou fugindo dos bombardeios e da guerra em solo? Na área destinada aos romas em um campo de refugiados kosovares na Macedônia, "meia dúzia de refugiados disseram que tinham fugido por causa dos ataques aéreos". Outros não se sentiam livres para falar, vigiados por um albanês corpulento que repetia que os refugiados "tinham fugido de Kosovo por causa dos sérvios, e não por causa dos bombardeios da OTAN".[4]

O chefe das forças da ONU estacionadas na antiga Iugoslávia em 1992-1993, o tenente-general indiano Satish Nambiar, comentou: "Não acredito que o governo de Belgrado tivesse a intenção de expulsar todos os albaneses de Kosovo. Pode ter decidido promover [deportações em massa] apenas se a OTAN bombardeasse, ou então essas expulsões podiam ser atos espontâneos de vingança e retaliação das forças sérvias em campo por causa do bombardeio." O governo iugoslavo se mostrara disposto a respeitar o cessar-fogo e conceder maior autonomia aos albaneses, observa Nambiar, "mas insistia em que o *status* de Kosovo como parte da Sérvia não era negociável e não concordava com o estacionamento de forças da OTAN na Iugoslávia. É exatamente o que a Índia teria feito nas mesmas circunstâncias".[5]

Os defensores dos bombardeios da OTAN em Kosovo invocam o perverso plano de Milošević de expulsar a população albanesa para justificar esses ataques. O plano supostamente teria ocorrido antes, portanto. Mas em abril de 2000, em entrevista ao *Sunday Times* de Londres, o general de brigada alemão da reserva Heinz Loquai afirmou que não havia um plano, apenas um vago relato dos serviços búlgaros de inteligência. E mesmo o relato búlgaro, acrescentava Loquai, concluía que o objetivo iugoslavo era expulsar o ELK, e não a população inteira.[6]

Se desde o início o governo Milošević planejava evacuar à força um milhão de albaneses de Kosovo, por que não se tomou conhecimento de nenhuma prova concreta antes ou depois? Antes de 24 de março (data do início da agressão aérea da OTAN), nenhum dirigente iugoslavo de oposição, nenhum líder ocidental, nenhuma organização humanitária deu o alerta de que uma campanha de deportações forçadas em massa estava sendo preparada. A OSCE, com mais de 1.300 monitores vigiando permanentemente as comunicações iugoslavas, não alertou ninguém. Ninguém na OTAN apresentou dados de inteligência indicando a expulsão sistemática de refugiados pelas forças iugoslavas em toda a província.

TODO MUNDO PARECIA UM INIMIGO

Vlada, comandante de uma unidade do exército iugoslavo, revela seus sentimentos conflitantes em relação aos paramilitares sérvios que antecederam as tropas regulares em aldeias de Kosovo, expulsando os habitantes e entrando em luta armada com combatentes entrincheirados do ELK. Os paramilitares às vezes tiravam vidas de inocentes, reconhece Vlada, mas era difícil saber quem era inocente e quem estava montando emboscadas. Ele mesmo pode ter sido salvo pelos paramilitares, segundo ele. "Era horrível, mas acontecia; todo mundo parecia um inimigo. É o pior tipo de guerra." O ELK não era "o único culpado por essa guerra, mas era um deles".

Soldados iugoslavos saqueavam e incendiavam casas, "especialmente casas grandes de gente rica", com aparelhos de televisão, gravadores de vídeo, geladeiras e tratores. Vlada e seus companheiros ficavam furiosos quando encontravam residências de luxo com banheiras Jacuzzi e bandeiras albanesas, símbolos do ELK ou uniformes e fotos de homens armados com uniformes do ELK. "O que mais os albaneses donos dessas casas queriam?", perguntava-se Vlada.[7]

Mas depois de iniciados os bombardeios e o fluxo de refugiados, o governo Clinton e os representantes da OTAN passaram a alegar de uma hora para outra que desde o início sabiam da existência de um plano de limpeza étnica na província. Queriam fazer crer que os bombardeios seriam uma punição presciente por um crime ainda não cometido. Nós os bombardeamos porque eles planejavam expulsar populações de Kosovo. A prova? As pessoas começaram a fugir de Kosovo quando os bombardeios começaram. O bombardeio, que era uma das principais *causas* do problema dos refugiados, era visto agora como a *solução*, uma reação antecipada da parte de dirigentes capazes de premonição. A onda de refugiados causada em grande medida pelos maciços ataques aéreos de março-junho de 1999 também era tratada como *justificação* posterior desses ataques, uma maneira de pressionar Milošević a permitir "o retorno em segurança dos refugiados de etnia albanesa".[8] É esta ainda hoje a argumentação oficial.

Em flagrante contraste com seus comunicados públicos, o Ministério do Exterior alemão negava em caráter privado que houvesse provas de ações de genocídio ou limpeza étnica por parte do governo iugoslavo. Em seus informes às cortes administrativas encarregadas dos pedidos de imigração apresentados por kosovares de etnia albanesa, eles escreveram:

Mesmo em Kosovo, não se tem como comprovar uma perseguição política declarada dos cidadãos de etnia albanesa. [...] As ações das forças de segurança [iugoslavas] não estavam voltadas contra os albaneses kosovares como grupo etnicamente definido, mas contra o adversário militar e seus apoiadores, reais ou supostos. [...] Não há suficientes provas concretas de um programa secreto ou de um consenso implícito do lado sérvio no sentido de liquidar o povo albanês, expulsá-lo ou persegui-lo da maneira radical que vem sendo descrita.[9]

Segundo funcionários graduados do governo alemão, as razões da fuga de Kosovo se distribuíam mais ou menos igualmente da seguinte maneira:

- Medo de morrer nos bombardeios da OTAN e desejo de fugir da devastação generalizada e das condições difíceis geradas pela agressão aérea, como falta de água corrente em quase todas as áreas urbanas.
- Medo de ser apanhado no fogo cruzado entre o ELK e as forças militares iugoslavas.
- Ataques de soldados iugoslavos e de policiais e paramilitares sérvios, muitas vezes provocados por ataques promovidos por combatentes do ELK disfarçados de meros civis de etnia albanesa.
- Disseminação de histórias de horror e pânico nas transmissões de dezenas de pequenas estações de rádio de ondas curtas albanesas, do ELK ou da OTAN, paralelamente a programas de propaganda do ELK emitidos da Albânia pela Rádio Tirana.
- Gangues de saqueadores das máfias albanesas e do ELK que extorquiam dinheiro, roubavam qualquer coisa de valor das casas e, em seguida, as incendiavam para criar um efeito político.
- Tropas irregulares do ELK que declaravam "mobilização geral", obrigando todos os homens a entrarem para o seu serviço militar. Aqueles que objetassem eram submetidos a maus-tratos físicos graves e libertados depois do pagamento de resgate.
- Anúncios do ELK de que a OTAN estava prestes a efetuar um ataque terrestre maciço.[10]

O *New York Times* informava que "um dos principais objetivos da campanha da OTAN era acabar com as atrocidades cometidas pelos sérvios, que expulsaram mais de um milhão de albaneses das suas casas".[11] Esse número nunca foi confirmado. Os dados registrados nos diferentes campos de refugiados chegavam no máximo a milhares ou dezenas de milhares. O número de refugiados que se estabeleceram em vários outros países era ainda menor. Para onde teriam ido mais de um milhão de refugiados? E como é que puderam voltar a Kosovo em questão de dias depois do bombardeio? E as centenas de milhares que não se foram e lá se encontravam para receber as forças da OTAN em sua investida? A BBC informou que um percentual surpreendentemente elevado de albaneses permaneceu na capital de Kosovo, Pristina, durante os bombardeios, tentando sobreviver em paz e convivência amistosa com os habitantes sérvios.[12]

Qualquer que fosse o tamanho da onda de refugiados, a verdade é que ela só teve início *depois* de começarem os bombardeios. Apesar disso, éramos convidados a acreditar que o êxodo não foi causado pela guerra em solo contra o ELK nem pelos maciços ataques aéreos da OTAN, mas exclusivamente por um súbito agravamento da repressão sérvia.

Muitas fotos do noticiário acidentalmente revelavam que os albaneses de Kosovo que emigravam em quantidade considerável em geral gozavam de boa saúde e se vestiam bem, alguns dirigindo seus tratores, caminhões ou carros, entre eles muitos homens em idade de recrutamento. Durante uma viagem investigativa aos Bálcãs, o deputado americano James Inhofe (republicano de Oklahoma) observou: "Fiquei pasmo, como pode ter acontecido com vocês, ao constatar que eles eram prósperos, considerando que são refugiados. [As crianças] todas calçavam tênis Nike e estavam muito bem vestidas."[13]

ALGO SE PERDEU NA TRADUÇÃO

Uma albanesa que vivia na Itália escreveu: "Concordo totalmente com os artigos publicados em *Liberazione* [...] sobre a má qualidade da informação durante a guerra na Iugoslávia. [...] Denunciei a manipulação da informação e particularmente o papel dos tradutores, que muitas vezes deformam o que as pessoas entrevistadas dizem. Como conheço a língua [albanesa], entendo as perguntas e respostas e posso compará-las com a tradução. O número de vítimas muitas vezes é exagerado. Por exemplo: numa transmissão radiofônica, o albanês de Kosovo fala de quatro mortos e o intérprete multiplica para quarenta! Em outro programa, que também foi transmitido pela televisão RAI 3, uma equipe de TV, acompanhada por soldados do ELK, conversa com albanesas de Kosovo. Antes da entrevista, elas [disseram que foram advertidas] por um dos soldados 'a não falar demais'; mas isso não é traduzido. Outro exemplo: eles perguntam a uma albanesa: 'Você aprova os bombardeios da OTAN?' O intérprete traduz, sussurrando: 'Diga sim, diga sim.'"[14]

As histórias sobre estupros em massa, reminiscentes da guerra na Bósnia, foram ressuscitadas. Uma manchete do *San Francisco Examiner* nos informa que "A tática dos sérvios é o estupro organizado, dizem refugiados do Kosovo". Só no fim da matéria, no décimo nono parágrafo, ficamos sabendo que a missão da OSCE em Kosovo não encontrou indícios dessa política de estupro organizado. O verdadeiro número de estupros ficava na casa das dezenas, "e não muitas dezenas", segundo o representante da OSCE.[15]

O porta-voz da OTAN, o grande enganador Jamie Shea, alegava que "cem mil bebês" tinham sido "trazidos ao mundo por albanesas em campos de refugiados" em apenas dois meses. Na época, estimava-se em duzentos mil o número total de mulheres nesses campos, o que significaria um fenomenal índice de natalidade de 50% num período de aproximadamente apenas sessenta dias.[16] A maior parte desses supostos partos, acreditava-se, resultava dos estupros em massa cometidos pelos sérvios. Mas os estupros precisariam ter ocorrido na época do mês em que todas as cem mil mulheres estivessem ovulando, e nove meses antes — vale dizer, antes de as forças de segurança iugoslavas lançarem sua campanha de contrainsurgência nas regiões albanesas. Nem mesmo a OTAN continua sustentando essa narrativa.

Em maio de 1999, o Departamento de Estado americano publicou um relatório apresentado como "o mais abrangente registro obtido até hoje das atrocidades em Kosovo". O documento afirmava que fotografias de observação aérea tinham identificado "sete possíveis locais de valas comuns", falando de "sistemáticos estupros em massa aparentemente ocorridos nas cidades de Đakovica e Peć". Aparentemente? O relatório era quase todo baseado em relatos não confirmados de refugiados, que já tinham sido fartamente veiculados pelos meios de comunicação ou grupos de defesa dos direitos humanos. Não havia qualquer indicação de que as agências americanas de inteligência tivessem verificado a maior parte ou mesmo qualquer uma dessas histórias. As palavras "supostamente" e "segundo relatos" se repetem ao longo do documento.[17]

Um programa *Nightline* que foi ao ar na rede ABC em setembro de 1999 fazia referências dramáticas e reiteradas a "atrocidades em massa em Kosovo" cometidas pelos sérvios, mas dando informações específicas apenas em uma ocasião. Foi quando Ted Koppel perguntou a refugiados albaneses indignados o que tinham presenciado. Eles apontaram para um idoso do seu grupo que usava um gorro de lã. Os sérvios tinham jogado o gorro no chão para pisoteá-lo, "pois sabiam que era a coisa mais importante para ele", disseram os entrevistados a Koppel, que não se eximiu da devida expressão de horror ante esse crime de guerra.

A jornalista britânica Audrey Gillan entrevistou refugiados kosovares a respeito das atrocidades, deparando-se com impressionante falta de provas. Uma das entrevistadas notou Gillan olhando para o relógio que ela tinha no pulso, enquanto o marido alegava que todas as mulheres tiveram roubadas suas joias, além de outros bens. Um porta-voz do Alto Comissariado da ONU para os Refugiados falava de estupros em massa e de uma matança, aparentemente, de centenas de pessoas em três aldeias. Quando Gillan insistiu, querendo informações mais precisas, ele reduziu o número a cinco ou seis adolescentes estupradas, reconhecendo que não tinha falado com nenhuma testemunha nem teria como comprovar os boatos de estupro.[18]

Gillan observou que alguns refugiados tinham presenciado matanças e outras atrocidades, mas havia poucas indicações de que tivessem testemunhado algo na escala que era divulgada. Funcionários disseram à jornalista que havia refugiados falando de sessenta ou mais pessoas mortas em uma aldeia e cinquenta em outra, mas ela "não encontrou uma única testemunha que de fato tivesse visto essas coisas acontecerem".

Aparentemente, era sempre em alguma outra aldeia que as atrocidades em massa tinham ocorrido. Mas os jornalistas ocidentais publicavam diariamente matérias sobre "centenas" de estupros e assassinatos. Às vezes, comentavam de passagem que ainda não havia comprovações, mas por que então se apressavam a divulgar essas histórias?

FABRICANDO MAIS UMA ATROCIDADE

"A correspondente Nancy Durham, da CBC [Canadian Broadcasting Corporation], ganhou fama se arriscando pelo interior de Kosovo sozinha em busca de informações, apresentando histórias comoventes sobre mortos e vivos. Hoje sabemos que uma das suas reportagens mais tocantes — sobre uma menina de dezoito anos chamada Rajmonda, que jurou vingar a morte da irmã pelas mãos dos sérvios — baseia-se numa mentira. Com as câmeras filmando, Rajmonda declarou que entraria para o ELK para vingar a morte da irmãzinha de seis anos. Entretanto, a irmã estava viva e passava muito bem, como a própria Durham descobriu ao visitar Rajmonda depois da guerra."[19]

A retórica usada para descrever a trágica situação dos refugiados parecia incrivelmente exagerada, em comparação com as dificuldades e perdas já bastante concretas que enfrentavam. Silvia Poggioli, correspondente da NPR, foi convidada a descrever o que tinha testemunhado ao acompanhar uma albanesa de volta à sua casa numa aldeia de Kosovo. "Foi um pesadelo indescritível", disse. "Havia na casa móveis que a mulher nunca tinha visto. Objetos de valor tinham sido quebrados, coisas que significam muito para uma pessoa, lembranças de uma vida inteira."[20] Certamente sentimos empatia por essa mulher, por suas perdas, mas será que a presença de móveis estranhos e as lembranças quebradas significam realmente um "pesadelo indescritível"? Além disso, será que casos de maus-tratos assim justificam uma guerra aérea maciça contra uma população civil indefesa?

No dia 6 de maio de 1999, o presidente Clinton visitou um campo de refugiados albaneses na Alemanha. Segundo a Associated Press, ele "ficou impressionado ao constatar que muitos refugiados pareciam americanos, especialmente uma mulher que viu usando uma camiseta das Olimpíadas de Atlanta de 1996". O presidente se deteve para ouvir "suas terríveis histórias". Uma mulher contou que estava "sozinha quando foi expulsa de sua casa por policiais sérvios armados". Foi tudo que ela contou, segundo a reportagem — uma injustiça, mas não exatamente uma atrocidade, segundo o conceito convencional. Uma outra disse que os refugiados "têm presenciado massacres" (sem dar detalhes). Um homem contou que fugiu para a estação ferroviária para conseguir deixar Kosovo de trem: "Fomos afugentados pela polícia", disse (não alvejados, espancados ou torturados, mas afugentados). "Na primeira noite", prosseguiu, "cinco mulheres deram à luz na estação ferroviária, e não permitiram que elas fossem para o hospital." Ainda que apenas uma mulher fosse tratada dessa maneira, já seria suficientemente condenável. Mas o que nos preocupa é a credibilidade desses relatos. Não é totalmente improvável que houvesse cinco mulheres grávidas no grupo relativamente pequeno de pessoas esperando o trem. Mas que tenham dado à luz exatamente na mesma noite denota uma sincronização de fertilidade que dá o que pensar. Referindo-se à polícia sérvia, um homem disse: "Eles tentaram levar todo o nosso dinheiro. Tentaram matar o meu irmão." Mais uma vez, tratando-se do relato de uma terrível atrocidade, a escolha de palavras não deixa de ser intrigante. Eles "tentaram" roubar e matar, mas aparentemente não o fizeram.

Uma matéria do *New York Times* sobre a visita de Clinton ao campo diz que ele estimulou os refugiados a falar das coisas "literalmente quase inacreditáveis" que lhes tinham acontecido. "Foi um dilúvio de histórias", observa o *Times*. Uma mulher contou: "Deixei meu irmão no porão sem nenhuma comida." Uma desgraça realmente, mas não exatamente uma história de horror inacreditável. Outra mulher subornou a polícia sérvia para conseguir que o pai fugisse. Foi tudo que relatou, segundo a reportagem. Um rapaz disse: "Eu sou jovem, mas minha vida está destruída por causa do que eu vi [em um campo de refugiados na Macedônia]. No dia em que cheguei, ouvi dizer que 24 crianças, bebês, tinham morrido de fome." O que ele viu destruiu sua vida, afirma, mas ele não nos diz o que viu, apenas o que ouviu. Não se ofereceu uma explicação quanto ao motivo de autoridades que davam proteção em um campo na *Macedônia* deixarem tantas crianças passar fome, nem por que isto deveria ser considerado uma atrocidade cometida pelos *sérvios*. Outra mulher contou sobre o seu sofrimento: a polícia sérvia lhe exigiu cinco mil marcos alemães. Ela então ofereceu sua corrente de ouro, mas eles recusaram, pois só queriam dinheiro. Era essa toda a sua história, segundo a reportagem.[21]

Em suma, os refugiados com os quais Clinton conversou certamente tinham passado por uma experiência terrível, expulsos de suas casas com poucos objetos, em certos casos separados dos entes queridos. Mas tanto a reportagem da AP como a do *Times* (e o próprio Clinton) falavam de pavorosas experiências envolvendo estupro, tortura e massacres. E em matéria de detalhes concretos, os depoimentos obtidos em ambas as reportagens eram estranhamente ralos ou omissos. Não importou. Por meio da repetição constante, as generalidades parecem confirmar-se, tornando supérflua qualquer comprovação. Acredita-se na história porque ela coincide com muitas outras divulgadas antes. Os dirigentes e a mídia obtêm autenticação das imagens que propagam nas imagens que já propagaram.

AS BOMBAS DA OTAN TAMBÉM MATARAM ALBANESES

"Depois que cessaram os bombardeios da OTAN, eu fui com Sérgio [Vieira] de Mello [representante especial temporário da ONU para Kosovo] visitar Kosovo. A viagem durou cinco dias. Visitamos quase todas as aldeias e cidades em Kosovo, e verificamos quais danos resultavam dos bombardeios da OTAN e quais decorriam da ação das gangues. Quero assinalar que o sr. Sérgio de Mello não parecia interessado nos danos causados pelos bombardeios da OTAN em Kosovo. A maioria dos mortos por esses bombardeios era de albaneses. Em apenas um dos ataques da OTAN, na aldeia de Korisa, foram mortas 105 pessoas. O sr. de Mello não estava interessado. [...] Os albaneses eram feridos por todos os lados, mas sobretudo pelos bombardeios da OTAN. Mais de trezentos albaneses foram mortos pelos bombardeios da OTAN."[22]

14

ONDE ESTÃO OS CORPOS ENTERRADOS?

No dia 18 de março de 1999, uma semana antes do início dos ataques aéreos contra a Iugoslávia, David Scheffer, embaixador plenipotenciário do Departamento de Estado para os crimes de guerra, declarou que "são mais de cem mil, aproximadamente, os homens [de etnia albanesa] de paradeiro desconhecido" em Kosovo. Um mês antes, o Departamento de Estado anunciava que até quinhentos mil albaneses de Kosovo estavam desaparecidos e possivelmente mortos. Em meados de maio, o secretário de Defesa americano, William Cohen, um ex-senador republicano trabalhando no governo democrata do presidente Clinton, afirmou que cem mil homens em idade militar tinham desaparecido e poderiam ter sido mortos pelos sérvios. Não muito depois — quando começava a diminuir o apoio da opinião pública à guerra —, o embaixador Scheffer aumentou de cem mil para "até 225 mil o número de homens de etnia albanesa com idades entre catorze e 59 anos" que continuavam desaparecidos. Ele considerava tratar-se de um dos maiores crimes de genocídio contra uma população civil. E de fato seria, se tivesse acontecido.[1]

À medida que a guerra se prolongava e os funcionários da OTAN viam a atenção da imprensa se desviar para a história oposta — no caso, que os bombardeios estavam causando a morte de civis —, "a OTAN intensificou suas alegações sobre os 'campos da morte' sérvios", observa o *Wall Street Journal*.[2] Estatísticas chocantes, mas altamente contraditórias, emanando de fontes oficiais eram divulgadas pela mídia praticamente sem questionamento. O apoio aos bombardeios continuava firme entre os aliados de Clinton no Congresso (entre eles o único declarado "socialista", Bernard Sanders, deputado independente por Vermont) e em organizações autoproclamadas como humanitárias como Human Rights Watch, Médicos sem Fronteiras e Concern Worldwide, juntamente com grupos de "defesa da paz" e várias ONGs — muitas das quais pareciam ter-se convencido de que a OTAN estava defendendo Kosovo de um holocausto.

Perto do fim da campanha aérea, o ministro britânico do Exterior, Geoff Hoon, disse que, "em mais de cem massacres", cerca de dez mil habitantes de etnia albanesa tinham sido mortos[3] — número consideravelmente menor que os cem mil a quinhentos mil alardeados por funcionários americanos. Um dia ou dois depois do fim dos bombardeios, a Associated Press e outras agências noticiosas, repercutindo as declarações de Hoon, informavam que os sérvios tinham massacrado dez mil albaneses.[4] Não era dada nenhuma explicação sobre como se havia chegado a esse número, considerando que nenhum teatro de guerra tinha sido investigado até então e que as forças da OTAN mal começavam a entrar em Kosovo por via terrestre.

No dia 2 de agosto, outro pronunciamento, dessa vez do onipresente Bernard Kouchner, principal administrador das Nações Unidas em Kosovo (além de diretor da Médicos sem Fronteiras e amigo de líderes do ELK), segundo o qual onze mil corpos tinham sido encontrados em fossas comuns em toda a província. Ele citava como fonte o Tribunal Penal Internacional para a antiga Iugoslávia. Mas o ICTY negou que tivesse fornecido essa informação a Kouchner ou a qualquer outra pessoa. Até hoje ele não explicou como chegou a essa estimativa e ninguém insistiu na questão.[5]

Sediado em Kosovo, o Conselho de Defesa dos Direitos Humanos e das Liberdades, em parte formado por representantes do ELK, foi o primeiro a dar a público o número de dez mil desaparecidos, supostamente com base em entrevistas com refugiados. O Departamento de Estado americano e os meios de comunicação ocidentais trataram de repetir esse número. Mas era uma questão de acreditar ou não, pois o conselho se recusava a divulgar a lista de pessoas desaparecidas.[6]

Organizações humanitárias, dirigentes do ELK, funcionários da OTAN e do Departamento de Estado e os meios noticiosos alimentavam reciprocamente suas respectivas histórias. Nesse processo de afirmativas sem confirmação e incansáveis repetições, a preocupação de comprovar se tornava irrelevante. Referências infundadas a valas comuns, cada uma supostamente contendo centenas ou até milhares de vítimas albanesas, eram diariamente divulgadas como fatos estabelecidos. Entre junho e agosto de 1999, só o *New York Times* publicou oitenta matérias e artigos — quase um por dia — contendo alguma referência a valas comuns em Kosovo. Mas quando chegava a hora de apresentar provas concretas, as valas desapareciam, como logo descobriria o FBI.

Em meados de junho, o FBI enviou uma equipe para investigar dois dos locais mencionados na acusação de crimes de guerra feita a Slobodan Milošević, um dos quais conteria seis vítimas, e outro, vinte. A equipe levou a Kosovo 48 mil quilos de equipamentos, para investigar o que diziam ser "a maior cena de crime na história forense do FBI". Semanas depois, contudo, voltou para casa guardando um estranho silêncio sobre a investigação.[7] Meses mais tarde, o pessoal do FBI informaria não ter encontrado milhares, mas duzentos corpos em trinta locais.[8]

Investigadores de outros países membros da OTAN tiveram experiências semelhantes. "Investigadores franceses se sentiram frustrados em Izbica", informava o *New York Times*, "quando se revelou que uma vala comum de que muito se havia falado, e na qual esperavam encontrar cerca de 150 corpos, estava vazia." Deve ter sido "aberta com uma retroescavadeira e os corpos se desmaterializaram, comentaram os investigadores, entre a formalização da acusação e a chegada das tropas da OTAN".[9] Uma equipe forense espanhola foi instruída a se preparar para pelo menos duas mil autópsias, mas encontrou apenas 187 cadáveres, em geral enterrados em sepulturas individuais e sem apresentar qualquer sinal de massacre ou tortura, ao contrário das histórias divulgadas por grupos humanitários e moradores da região. Em sua maioria, pareciam ter sido mortos por granadas de morteiro e armas de fogo. Um especialista forense espanhol, Emilio Pérez Puhola, declarou que sua equipe não encontrou nenhuma vala comum. E descartou as referências amplamente divulgadas a sepulturas coletivas como parte da "máquina de propaganda de guerra".[10]

Segundo o *Sunday Times* de Londres, uma empresa privada de investigação, Stratfor, baseando sua análise em relatórios de equipes forenses envolvidas na exumação de corpos, chegou à conclusão de que o total de mortos em Kosovo era de "centenas e não milhares", não se podendo presumir que todas ou sequer a maioria dessas mortes tivessem sido causadas por atrocidades.[11] O que se assemelha à história sobre Srebrenica, na qual os sérvios eram acusados de ter matado 7.500 pessoas, embora tenham sido exumados relativamente poucos cadáveres.

Especialistas em fotografia de observação aérea e propaganda em tempo de guerra acusaram a OTAN de promover uma "campanha de propaganda" carente de provas. Os informes do Departamento de Estado sobre valas comuns e cem mil a quinhentos mil homens de etnia albanesa desaparecidos "são simplesmente ridículos", de acordo com esses críticos independentes.[12] O porta-voz do Departamento de Estado James Rubin admitiu que os relatos sobre atrocidades que fizera aos jornalistas lhe tinham sido comunicados pelo comandante do ELK Hashim Thaci e "não [eram] necessariamente fatos". Uma história espúria divulgada por Rubin falava da detenção de cem mil habitantes de etnia albanesa num estádio esportivo em Pristina, a capital da província de Kosovo. Mas quando um repórter da Agência France Presse foi ao local para confirmar a história, "encontrou o estádio vazio e sem qualquer sinal de ocupação recente".[14]

CADÁVERES POR ENCOMENDA

Em junho de 1999, Kathy Sheridan, do *Irish Times*, foi de carro até Vučitrn, cidadezinha de Kosovo ainda sob controle de forças sérvias de segurança. Viu um corpo no meio da rua e muitos policiais do Ministério do Interior da Sérvia. Voltando a Pristina, disse a um repórter radiofônico da BBC que tinha visto um cadáver em Vučitrn e que o lugar estava "lotado" de policiais sérvios. Em questão de minutos, o colega entrou no ar com a informação de que uma "repórter irlandesa" tinha visto a cidadezinha "lotada de cadáveres".[13]

O *Washington Post* informou que 350 habitantes de etnia albanesa "podiam estar enterrados em valas comuns" perto de uma aldeia nas montanhas do oeste de Kosovo. Podiam? Especulações como esta eram baseadas em fontes que os funcionários da OTAN se recusavam a identificar. Descendo aos detalhes, a matéria menciona "quatro corpos em decomposição" encontrados perto de um grande monte de cinzas, sem mais informações sobre quem poderiam ser ou como morreram.[15]

No fim de agosto de 1999, a frenética caçada de cadáveres continuava decepcionando os funcionários da OTAN e seus asseclas na imprensa. O *Los Angeles Times* tentou salvar o tema do genocídio com uma matéria sobre a possibilidade de os poços de Kosovo serem "valas comuns de um novo estilo". O *Times* publicou que "muitos cadáveres podem ter sido jogados em poços de Kosovo [...] as forças sérvias aparentemente encheram [...] poços com muitos corpos de habitantes de etnia albanesa em sua campanha de terror".[16] Aparentemente? Quando a matéria entrava em detalhes, falava apenas de um poço em uma aldeia — onde foi encontrado o corpo de um homem de 39 anos, juntamente com os de três vacas e um cão. Nada se dizia de sua nacionalidade nem da causa da morte. "Não foram descobertos outros restos humanos", concluía o *Times* sem maiores explicações.

Uma reportagem anterior do *New York Times* falava de investigadores franceses que haviam retirado os corpos em decomposição de oito mulheres de poços na devastada aldeia de Cirez, atendendo a denúncias de moradores. Ainda estavam por ser investigadas denúncias não confirmadas de 44 aldeias na região em torno de Decani, referentes a 39 corpos em poços.[17] Até onde sei, não houve mais histórias sobre corpos em poços, o que parece indicar que não foram encontrados outros corpos.

Uma após outra, as denúncias sobre valas comuns não resultavam na revelação de quantidades consideráveis de cadáveres — ou sequer de um cadáver. Em julho de 1999, apenas sete corpos foram encontrados em uma vala comum em Ljubenic, perto de Peć — região de constantes combates —, onde haveria cerca de 350 segundo as denúncias. Em Izbica, refugiados afirmaram que 150 pessoas de etnia albanesa tinham sido executadas em março. Mas os corpos não foram encontrados. Em Kraljan, 82 homens teriam sido abatidos, mas os investigadores não encontraram um só cadáver. Em Đakovica, funcionários municipais disseram que cem habitantes de etnia albanesa tinham sido assassinados, mas não havia corpos porque os sérvios tinham voltado no meio da noite para proceder à exumação e os haviam levado embora, segundo esses funcionários. Em Pusto Selo, os aldeões declararam que exatamente 106 homens tinham sido capturados e mortos pelos sérvios no fim de março, mas tampouco dessa vez foram encontrados os restos. Também nesse caso se deu a entender que as forças sérvias podiam ter voltado para remover os corpos.[18] Mas seria o caso de perguntar, de novo, como é que os sérvios efetuavam essa mágica do desaparecimento de corpos de valas comuns. Onde ficavam as valas comuns que tinham sido esvaziadas? Mesmo esvaziadas, apresentariam sinais de escavação e traços do conteúdo retirado (um sapato, fios de cabelo, manchas de sangue, alguma peça de vestuário). Onde estariam as novas valas, supostamente cheias de cadáveres? E por que era impossível encontrar essas novas valas? Perguntas desse tipo nunca eram feitas.

A mais grave alegação de atrocidades em massa, um crime de guerra atribuído ao presidente iugoslavo Slobodan Milošević, teria ocorrido na mina de Trepča. Segundo funcionários do governo americano e da OTAN, os sérvios atiraram mil ou mais corpos nos túneis ou trataram de descartá-los nos tonéis de ácido clorídrico da mina. Em outubro de 1999, o ICTY divulgou as conclusões das equipes forenses ocidentais que investigaram o ocorrido em Trepča: nem um único cadáver foi encontrado nos túneis da mina e tampouco havia qualquer sinal de que os tonéis tivessem sido usados para dissolver restos humanos.[19] Outras histórias sobre instalações de eliminação de cadáveres ao estilo nazista, em uma fornalha "do outro lado da montanha" dessa mesma mina, levaram uma equipe forense a analisar cinzas da fornalha. "Eles não encontraram dentes nem outros sinais de corpos calcinados." [21]

PRODUÇÃO EM MASSA DE HISTÓRIAS SOBRE SEPULTAMENTOS EM MASSA

"Caberia esperar que essas histórias [sobre valas comuns] fossem pavorosas. O surpreendente é que são tão repetitivas — com uso das mesmas frases — que a leitura se torna cansativa. [...] As evidências, quando existem, são anedóticas; as fontes são vagas. A descoberta de um túmulo ou mesmo um boato a respeito é mencionado (muitas vezes por alguma autoridade) como prova de atrocidades cometidas pelos sérvios. Essas atrocidades são então analisadas nos mínimos detalhes, mas de maneira totalmente especulativa.

As argumentações são circulares. Cadáveres são encontrados e se presume que são de albaneses; e também são civis; foram mortos por sérvios; os sérvios eram soldados ou policiais. Uma vez enunciadas, essas especulações ficam registradas, sendo citadas em publicações posteriores como fatos estabelecidos."[20]

O Tribunal Penal Internacional averiguava primeiro as denúncias sobre as maiores valas comuns, constatando que na maioria dos casos não continham mais de cinco corpos, "parecendo indicar assassinatos íntimos, e não em massa".[22] No fim do ano, o circo midiático em torno das valas comuns visivelmente se esvaziara. Nos locais dos túmulos coletivos considerados mais notórios foram encontradas no total algumas centenas de corpos, e não os milhares ou dezenas de milhares ou centenas de milhares anteriormente apregoados, e sem indícios de tortura ou execuções em massa. Em muitos casos, não havia provas concludentes sobre a nacionalidade das vítimas — nem informações sobre as causas das mortes.[23] Nada disso impediu a Associated Press de repetir a acusação, ainda em 30 de novembro de 1999, de que "dez mil pessoas foram mortas em Kosovo".

Com certeza havia em Kosovo túmulos contendo dois ou mais corpos — o que correspondia à definição de "vala comum" adotada pela OTAN. Em novembro de 1999, o total de corpos que os escavadores ocidentais diziam ter encontrado era de 2.108, "e nem todos eram necessariamente de vítimas de crimes de guerra", informava o *Wall Street Journal*.[24] Esses indivíduos eram mortos por bombas e pelos constantes combates entre forças iugoslavas e do ELK. Alguns dos mortos, como até o *New York Times* reconhecia, "são combatentes do Exército de Libertação de Kosovo ou podem ter tido mortes comuns" — como acontece em qualquer população de 2,4 milhões ao longo de um ano.[25] E sabemos que civis eram mortos pelo próprio ELK e pelas bombas da OTAN — como os próprios funcionários da OTAN foram obrigados a admitir, depois da negação inicial. Os ataques contra colunas de refugiados na estrada PrizrenĐakovica no dia 14 de abril e em Korisa em 13 de maio foram dois desses casos.[26]

PHILIP KNIGHTLEY[*] COMENTA "A PRIMEIRA VÍTIMA"

"Uma história de atrocidades é garantia de provocar raiva e indignação. Fortalece a mente nacional com 'provas' da perversidade do inimigo e do caráter cruel e degenerado de sua guerra. [...] O presidente Milošević, antes considerado um dirigente pragmático com o qual o Ocidente podia se entender, tornou-se um novo Gengis Khan e, significativamente, um novo Hitler. [...] E assim todos os membros do governo que apoiavam a guerra da OTAN, do primeiro-ministro para baixo, começaram a apimentar seus discursos com palavras como 'Holocausto' e 'genocídio'. [...]

Equipes de correspondentes de guerra frustrados saíram em corrida desabalada para Kosovo com uma história em mente: atrocidades. Quem seria capaz de encontrar a maior e a pior? Para ajudá-los, o Ministério da

---

[*] Jornalista e correspondente de guerra australiano, autor do livro *A primeira vítima* (Rio de Janeiro: Nova Fronteira, 1978). [Nota da edição brasileira.]

Defesa tinha até preparado um mapa indicando possíveis localizações de valas comuns. [...] Nessa busca desenfreada de histórias de atrocidades, a prudência e o ceticismo ficaram para trás. Os jornalistas pareciam dispostos a acreditar em qualquer coisa que apresentasse os sérvios como monstros."[27]

Certamente houve terríveis matanças por vingança e execuções de prisioneiros e civis inocentes, como em qualquer guerra, mas não num grau que justificasse o rótulo de genocídio ou legitimasse a morte, a destruição e o sofrimento infligidos à Iugoslávia pelos bombardeios e as sanções. A inexistência de assassinatos em massa significa que o indiciamento de Milošević pelo ICTY "se torna altamente questionável", argumenta Richard Gwyn. "Mais questionável ainda é a contínua punição dos sérvios pelo Ocidente."[28] Em suma, os dirigentes da OTAN se valeram de estimativas infladas sobre assassinatos de kosovares de etnia albanesa como pretexto para se intrometer nas questões internas de um país soberano, destruir boa parte de sua produção social e invadir e ocupar grandes extensões do seu território, numa campanha que só pode ser qualificada como guerra de agressão.

15

LIMPEZA ÉTNICA À MODA ELK-OTAN

O que ainda não se entendeu suficientemente no Ocidente é que, em sua maioria, os atos de limpeza étnica na antiga Iugoslávia não foram cometidos *por* sérvios, mas *contra* eles. Mais de um milhão de sérvios foram expulsos de seus territórios ancestrais nas repúblicas separatistas. Em alguns casos, triplamente deslocados: expulsos da Croácia para a Bósnia, fugindo em seguida para Kosovo e acabando no que restava de territórios não ocupados na Sérvia.[1] No ano de 2000, os restos da nação iugoslava receberam mais migrantes deslocados per capita que praticamente qualquer outro país, entre eles cerca de trezentos mil que sempre tinham vivido na Sérvia e foram internamente deslocados pelos bombardeios da OTAN e as tribulações decorrentes.[2]

Três assentamentos bem-montados, construídos pela República Iugoslava na Sérvia para se tornarem residências permanentes, foram destruídos pelos ataques aéreos da OTAN, assim como a sede do organismo do Partido Socialista Sérvio que cuidava do grave problema dos refugiados.[3] Os ataques da OTAN não só aumentaram muito o número de refugiados como destruíram muitos recursos necessários para cuidar deles, exacerbando os problemas habitacionais e de desemprego da RFI e agravando a situação de pobreza do país.[4]

Pouco depois da entrada em Kosovo das tropas terrestres da OTAN, foi amplamente veiculada a informação de que o próprio ELK tinha se desarmado e dissolvido. Na verdade, já no início de 2000 era de consenso geral que os atiradores do ELK não tinham se desarmado em quantidades consideráveis. Os membros do ELK formaram o núcleo de uma força policial civil com sua equipe administrativa, a Unidade de Proteção de Kosovo, que fez menos ainda que as tropas da KFOR (a Força para Kosovo liderada pela OTAN) para proteger as minorias não albanesas da violência. Na verdade, antigos membros do ELK logo estariam envolvidos em delitos, inclusive atos de tortura, assassinato e detenção ilegal de moradores.[5] A ordem pública em Kosovo foi visivelmente invertida, pois os criminosos e terroristas se tornaram agentes da lei. John Pilger escreveu:

> [Temos assistido à] instauração de um regime paramilitar com vínculos com o crime organizado. Na verdade, Kosovo pode se tornar o primeiro Estado mafioso do mundo [...] com criminosos de guerra, assassinos comuns e traficantes de drogas formando uma "administração provisória" que vai aplicar as "reformas de livre mercado" exigidas pelos EUA e a Europa. Seus supervisores são o Banco Mundial e o Banco Europeu de Desenvolvimento, cujo objetivo é garantir que empresas ocidentais de mineração, petróleo e construção dividam o tesouro dos vastos recursos naturais de Kosovo: uma conclusão bem apropriada para a nova cruzada moral.[6]

Nos primeiros meses de ocupação da KFOR em Kosovo, duzentos mil sérvios foram expulsos da província e centenas foram mortos por atiradores do ELK, em episódios apresentados pela imprensa ocidental como atos de vingança e represália, como se os próprios civis sérvios não fossem vítimas da guerra, mas criminosos de guerra merecendo retaliação. Era certamente a impressão que Cheryl Atkinson queria causar quando começou uma reportagem sobre os ataques do ELK contra minorias, no jornal noturno da CBS, dizendo: "Revide em Kosovo!"[7]

Segundo o Alto Comissariado das Nações Unidas para os Refugiados (UNHCR), "seguiu-se uma onda de saques e incêndios criminosos de residências de sérvios e romas em todo o território de Kosovo. Os sérvios e romas que permaneceram em Kosovo têm sido vítimas de repetidos incidentes de perseguição e intimidação, inclusive espancamentos violentos. Pior ainda, desde meados de junho tem havido muitos assassinatos e sequestros de sérvios, além do massacre de fazendeiros sérvios no fim de julho".[8]

Um relatório conjunto da OSCE e da UNHCR fala de "um clima de violência e impunidade", com ataques contra as populações de sérvios, romas, turcos, egípcios, judeus e goranos (eslavos muçulmanos), todas elas diminuindo.[9] Em questão de meses após a ocupação de Kosovo pela OTAN, informava o *Philadelphia Inquirer*, "um sinistro padrão de violência e intimidação vem se impondo. Residências de sérvios são atacadas a bomba e incendiadas" e habitantes sérvios são espancados e assassinados, numa autêntica "limpeza étnica sistemática".[10] (A maioria das publicações hegemônicas evitava a expressão "limpeza étnica" no caso da expulsão forçada de sérvios e outras minorias de Kosovo.)

Cedda Prlincevic, líder da pequena comunidade judaica de Pristina, relatou que os judeus — que viviam em segurança quando Kosovo estava sob domínio sérvio — foram expulsos de suas casas, que foram em seguida saqueadas e vandalizadas. Segundo ele, a KFOR assistia a tudo de braços cruzados. Antes da guerra, insistia Prlincevic, ele nunca testemunhara atos ou comportamentos antissemitas, fosse da parte dos sérvios ou dos albaneses. A maioria dos judeus de Pristina já se casara com membros de outras etnias ou era produto de casamentos interétnicos, tornando-se servo-judeus, roma-judeus, albano-judeus e assim por diante. "Nós [judeus] não fomos expulsos de Kosovo por albaneses de Pristina, mas por albaneses da Albânia [...] eles agora estão em Kosovo."[11]

PURIFICAÇÃO NAS BIBLIOTECAS

"Representantes do Arquivo Histórico de Kosovska Mitrovica informam que desde a chegada da KFOR, terroristas albaneses destruíram mais de dois milhões de livros na língua sérvia. [...] Documentos de arquivo importantes também foram destruídos. Nada foi feito pela KFOR para proteger os livros nas bibliotecas e outras instituições culturais. Assim, obras de Shakespeare, Goethe e outros autores famosos são queimadas diante de soldados dos respectivos países. As mais atingidas são as bibliotecas comunitárias das cidades de Prizren, Ðakovica, Istok, Glogovac, Srbica e Podujevo, todas controladas por membros do Exército de Libertação de Kosovo (ELK)."[12] Se Milošević começasse a queimar livros não sérvios, ainda estaríamos ouvindo falar do assunto.

Funcionários da ONU reconhecem que "havia sinais crescentes de que a liderança albanesa de Kosovo estava por trás de alguns dos atos de perseguição e estimulava a formação de um Estado monoétnico e intolerante".[13] Certos jornais albaneses, especialmente *Bota Sot*, "repetem constantemente o discurso de ódio contra os sérvios, os romas e até os albaneses moderados, chegando em alguns casos a incitar à violência".[14]

Os próprios albaneses de Kosovo têm sido vítimas desse reinado das armas e dos capangas. Em Pristina, a capital da província, era crescente o temor de sequestros. "Adolescentes [albaneses], rapazes e moças, estão sendo sequestrados nas ruas", disse o major Simon Plummer, do Real Regimento de Jaquetas Verdes da Grã-Bretanha. Cerca de quinze casos foram relatados em duas semanas. O cabo Mark Moss, que chefiava uma das patrulhas britânicas de segurança, disse que era difícil impedir os sequestros. Mencionou relatos sobre "uma máfia albanesa que cruza a fronteira e os sequestra [os adolescentes] para prostituí-los na Alemanha e na Itália. [...] É claramente um problema. Ninguém vê uma garota solteira sozinha nas ruas; elas só saem em grupos. São levadas para a escola pelos parentes."[15]

Igualmente forçados ao exílio ou vítimas de outros tipos de abuso eram os albaneses que haviam "colaborado" com os sérvios, opondo-se ao separatismo, trabalhado para o governo federal ou para a República da Sérvia, apresentando-se como iugoslavos ou simplesmente falando sérvio. Os albaneses católicos se queixavam de atos de intimidação e violência. Os albaneses moderados que se manifestavam contra a violência cometida contra os sérvios e outras minorias sofriam ameaças. Muitos rapidamente aprenderam a se manter calados. Sob a regência permissiva da OTAN, pistoleiros do ELK assassinavam opositores políticos albaneses, inclusive simpatizantes da Liga Democrática de Kosovo (LDK), organização separatista concorrente que às vezes era considerada um grupo "traidor" pelo ELK, por não estar suficientemente empenhada na luta armada. Quando o ELK assassinou Fehmi Agani, um líder da LDK, o crime foi atribuído aos sérvios por Jamie Shea, porta-voz e propagandista da OTAN.[16]

O International Crisis Group, organização estratégica privada presidida pelo ex-líder da maioria no Senado americano George Mitchell, aponta indícios cada vez mais claros de que o ELK tem "atacado rivais políticos". O Partido Reformista Democrático dos Albaneses (PRDA), por exemplo, contrário à independência, alegou que "seis dos seus integrantes foram mortos em Đakovica, dois foram mortos e dez foram dados como desaparecidos em Mitrovica, nove desapareceram em Pristina e doze foram dados como desaparecidos em Peć". A própria OTAN informou que 379 pessoas tinham sido assassinadas nos cinco primeiros meses da ocupação de Kosovo. Destas, 135 (35% do total) eram sérvias, embora os sérvios constituíssem apenas 5% da população de Kosovo. Outras 145 vítimas (38%) eram de etnia albanesa e 99 (26%), de outras etnias ou de etnia desconhecida.[17]

Um dos grupos mais duramente atingidos pelas operações de *limpeza* do ELK foram os romas. Expulsos de casas onde viviam há gerações, muitos romas fugiram para a Macedônia — para constatar ao chegar que os campos de refugiados eram dirigidos pelo ELK. Para conseguir entrar, eles tinham de pagar quinhentos marcos alemães e declarar nacionalidade albanesa, segundo refugiados entrevistados por Sani Rifati, presidente da Voice of Roma, organização educativa e de ajuda humanitária sediada na Califórnia. Rifati viajou à Itália para levar ajuda e entrevistar refugiados roma que chegavam a Brindisi. Eles disseram que tinham sido cercados pela polícia ao chegar e em seguida abordados por intérpretes albaneses que os informavam de que, para conseguir comida, teriam de se identificar como albaneses fugindo dos sérvios — em vez do que realmente eram: romas fugindo das milícias do ELK e de outros agressores.[18] Outros refugiados romas declararam que a KFOR colaborava com o ELK na expulsão dos romas.[19]

Um levantamento feito no fim de 1999 pelo pesquisador independente Paul Polansky estimava em aproximadamente trinta mil o número de romas que permaneciam em Kosovo. Segundo ele, desde o início da ocupação pela KFOR, mais de catorze mil residências de romas tinham sido incendiadas. As agências de ajuda humanitária também discriminavam contra os romas. "Em muitos bairros", escreve Polansky, "surpreendi a Sociedade Madre Teresa abertamente se recusando a entregar comida aos ciganos. A Islamic Relief também parece ter uma política de não fornecer ajuda aos ciganos, embora os romas sejam muçulmanos." Funcionários albaneses acusavam os romas de serem aliados dos sérvios — por causa da sua lealdade à Iugoslávia e por não apoiarem a supremacia albanesa em Kosovo.[20]

Supervisores da OSCE encarregados de preparar as eleições "manifestaram particular alarme quanto ao clima de ameaça que se dissemina na província". Um dos exemplos mais claros era a região de Prizren. No governo anterior da Iugoslávia comunista, Prizren era "um centro de cultura e ensino" e "sempre fora considerada um exemplo de tolerância e harmonia multiétnica em Kosovo". Sob o domínio da OTAN/ELK, a região foi devastada por expurgos étnicos.[21] A OSCE informou que "os atos de violência por motivo de vingança contra os kosovares sérvios tinham se agravado desde a chegada das tropas da OTAN. O relatório deixava claro que os ataques muitas vezes ocorriam debaixo do nariz das tropas, alegação contestada pela OTAN".[22] A denúncia da OSCE é corroborada por relatos de sérvios de Kosovo, que falaram da não interferência da KFOR e mesmo de sua ativa colaboração com pistoleiros albaneses que espancavam, intimidavam, confinavam e expulsavam sérvios.[23]

Segundo reportagem do *New York Times*, "as patrulhas da força de manutenção da paz liderada pela OTAN em geral adotam uma atitude de imobilidade e não agressão. Os incêndios criminosos de residências de sérvios ocorrem quase diariamente de maneira organizada". Enquanto isso, os cinquenta mil homens da força de ocupação da OTAN e seus oficiais pouco faziam para estabelecer uma estrutura civil. Raramente se fazia justiça; os criminosos dificilmente eram capturados; os julgamentos em tribunal eram quase inexistentes. Desse modo, "roubos em apartamentos, atos de extorsão e até assassinatos [ficavam] praticamente impunes, em parte cometidos pelo crime organizado".[24]

A missão civil das Nações Unidas em Kosovo carecia de recursos e da capacidade de restabelecer serviços públicos e a segurança pública. Seu orçamento tinha um déficit de 150 milhões de dólares — o custo de meio dia de bombardeios da OTAN.[25] As potências ocidentais tinham muito dinheiro para a guerra, mas pouco para construir uma paz decente.

Em um relatório de 332 páginas, a OSCE observava que Kosovo era um território marcado por total anarquia, com "um padrão perturbador" de atos de violência de motivação étnica cometidos por homens uniformizados do antigo ELK. Bernard Kouchner redigiu um comentário sobre o relatório da OSCE em que aproveitava para demonizar os sérvios. Afirmava que as forças iugoslavas e sérvias tinham recorrido a "execuções, prisões arbitrárias, torturas, estupros e outras formas de violência sexual" em sua campanha contra o ELK, devendo ser consideradas as principais culpadas.[26] O objetivo dos comentários de Kouchner era induzir os leitores a dar menos peso às constatações confirmadas pela OSCE sobre atrocidades cometidas pelo ELK e mais às histórias sem confirmação, mas propagandeadas pela mídia, sobre genocídios cometidos pelos sérvios e "formas de violência sexual" não especificadas que serviam de pretexto para a intervenção da OTAN.

Extremistas albaneses também se empenhavam sistematicamente em erradicar a cultura religiosa e histórica dos sérvios em Kosovo e Metohija, tendo destruído cerca de oitenta igrejas paroquiais, mosteiros e catedrais, alguns conhecidos no mundo inteiro e construídos no início da Idade Média. Algumas dessas construções eram consideradas joias de valor inestimável da arte e da arquitetura medievais, que tinham conseguido sobreviver a séculos de turbulências, inclusive à ocupação nazista. Outros marcos ortodoxos sérvios do patrimônio mundial da Unesco também foram destruídos.[27]

Os dirigentes ocidentais se referiam aos bombardeios da OTAN em 1999 como se tivessem posto fim a um clima de generalizada violência. Mas a verdade é outra. Segundo relatório do International Crisis Group, nos dois meses anteriores ao início dos ataques aéreos dos EUA e da OTAN, cerca de trinta pessoas eram mortas toda semana em Kosovo, em média, sendo aproximadamente metade sérvios e metade albaneses. Durante a ocupação da OTAN, esse índice permaneceu basicamente o mesmo, cerca de trinta pessoas por semana.[28] O mesmo nível de morticínio que fora considerado uma catástrofe em matéria de direitos humanos e usado para justificar onze semanas de bombardeio continuou prevalecendo depois dos bombardeios, "sem praticamente ser mencionado mais pelos governos ocidentais que promoveram a guerra e as organizações noticiosas que a estimularam".[29]

Havia outras baixas diárias entre os habitantes de Kosovo, inclusive albaneses, que continuavam a ser mortos ou aleijados pelo grande número de bombas de fragmentação lançadas pela OTAN, assim como pelas minas plantadas tanto pelo ELK como pelas forças sérvias durante os combates de 1999.[30] Pilger refere-se às raras reportagens nos jornais americanos e britânicos sobre a transformação de determinadas áreas de Kosovo numa terra de ninguém "cheia de sub-bombas ainda por explodir", ou seja, explosivos de fragmentação e ação retardada que infligiam "ferimentos terríveis" em crianças albanesas.[31] Em suma, a agressão aérea da OTAN não serviu para nada, senão causar em toda a Iugoslávia morte e destruição em magnitude muito maior que a que se alegava estar impedindo.

16

DESTRUIÇÃO RACIONAL: ELIMINANDO A CONCORRÊNCIA

Qualquer que seja a questão ou política em pauta, a função dos intelectuais burgueses, entre eles os acadêmicos, é negar que estejam em jogo interesses materiais. É o caso da missão da OTAN nos Bálcãs. Apesar de se dizerem consternados com a destruição causada pelos ataques aéreos à Iugoslávia, muitos liberais e progressistas se mostravam convencidos de que, "dessa vez", o Estado de segurança nacional americano de fato estava lutando pelo bem. "Realmente, os bombardeios não funcionam. São uma estupidez!", diziam na época, "mas é preciso fazer alguma coisa." Na verdade, a campanha aérea não era apenas estúpida: era profundamente imoral. E, na verdade, funcionou, destruindo boa parte do que restava da Iugoslávia e deixando-a mais perto de se tornar um país mais privatizado, desindustrializado, recolonizado e pobre à beira da mendicância, com mão de obra barata e recursos valiosos disponíveis por uma pechincha, indefeso frente à penetração do capital, tão dividido que jamais voltaria a se unir, tão duramente golpeado que nunca voltaria a se erguer, nem mesmo como um país burguês de competitividade viável.

Quando o capital social produtivo de qualquer parte do mundo é destruído, o valor potencial do capital privado em outras partes aumenta

— especialmente quando se sabe que o problema crônico enfrentado hoje pelo capitalismo ocidental é o excesso de capacidade. Toda base agrícola destruída pelos ataques aéreos ocidentais (como no caso do Iraque) ou pelos acordos de "livre comércio" da OMC (como no México, na Índia, na África e em outros países) diminui a concorrência potencial e aumenta as oportunidades de mercado para as corporações multinacionais do agronegócio. Destruir fábricas do setor público iugoslavo que produziam partes de automóvel, ferramentas ou fertilizantes — ou fábricas sudanesas ou iugoslavas financiadas pelo setor público que fabricavam produtos farmacêuticos a preços consideravelmente abaixo dos concorrentes ocidentais — é aumentar o valor dos investimentos das empresas automotivas e farmacêuticas ocidentais. E cada estação de rádio ou televisão fechada pelas tropas da OTAN ou bombardeada pelos aviões da OTAN amplia o domínio ideológico e de comunicação dos cartéis midiáticos ocidentais. Resumindo, a destruição do capital social iugoslavo pelos bombardeios aéreos servia muito racionalmente a interesses de classe.

Os ataques da OTAN apresentavam um padrão constante que evidenciava as intenções políticas subjacentes. A Confederação de Sindicatos da Sérvia estabeleceu uma lista de 164 fábricas destruídas pelos bombardeios — todas estatais. Nem uma única empresa estrangeira foi atingida.[1] Como pude constatar em viagem à Iugoslávia pouco depois da guerra, o gigantesco Hotel Iugoslávia, gerido pelo Estado, ficou inabitável em consequência dos mísseis lançados pela OTAN, ao passo que o Hyatt Hotel, de propriedade de uma corporação, com sua fachada envidraçada — o tipo do alvo atraente para qualquer lançador de bombas enlouquecido — não teve sequer uma vidraça arranhada. Os prédios que ostentavam no telhado letreiros luminosos com propaganda da Panasonic, da Coca-Cola, do Diners Club International e do McDonald's, este com enormes arcos dourados, permaneceram absolutamente intactos.

Outros alvos políticos também foram atingidos. O centro empresarial do bairro de Usce, em Belgrado, foi fulminado por vários mísseis, atingindo com precisão a sede do Partido Socialista de Slobodan Milošević, assim como a sede da Esquerda Iugoslava Unida, coalizão de 23 partidos comunistas e de esquerda, aliados próximos dos socialistas. Prédios usados pelos ministérios da Defesa e do Interior também foram demolidos. A OTAN destruiu ou danificou seriamente depósitos de combustíveis, refinarias de petróleo, fábricas químicas, rodovias, pontes, redes ferroviárias, aeroportos, sistemas de abastecimento de água, usinas de energia elétrica e armazéns. Toda essa destruição paralisou a produção de bens de consumo e aumentou em mais de um milhão o número de desempregados.

Kragujevac, cidade industrial do centro da Sérvia, sofreu enormes danos. A gigantesca fábrica Zastava, eficientemente gerida pelo Estado, foi demolida, provocando o vazamento de quantidades gigantescas de produtos químicos tóxicos dos seus geradores. Zastava empregava dezenas de milhares de operários na produção de carros, caminhões e tratores para o mercado interno e o externo. Os ataques da OTAN deixaram cerca de 80% dos trabalhadores sem sustento. Em toda a Iugoslávia existem fábricas Zastava de propriedade do Estado. Os atacantes conheciam as localizações e destruíram muitas delas. As que não foram bombardeadas tiveram sua produção suspensa por falta de matérias-primas ou de compradores para os produtos.[2]

Alegou-se que o Yugo, carro barato fabricado pelo Estado, jamais poderia concorrer com carros do oeste europeu ou do Japão. Mas o Yugo era o veículo mais usado na própria Iugoslávia. Também foram vendidas cerca de 180 mil unidades nos Estados Unidos na década de 1980, e muitas mais em outros países. Mas em 2000 o carro praticamente saiu de linha, deixando de oferecer concorrência nos mercados automobilísticos externos ou no que restava de um mercado na própria Iugoslávia.

Em Niš, mísseis de cruzeiro pulverizaram a fábrica de tabaco e cigarros, uma das mais bem-sucedidas da Europa. Numerosas instalações estatais de processamento de alimentos foram arrasadas. Uma reportagem da NBC confirmou que a OTAN bombardeou o complexo farmacêutico da Galenika, o maior da Iugoslávia, num subúrbio de Belgrado. Nossa delegação foi informada de que uma fábrica gerida pelos trabalhadores foi contaminada com urânio empobrecido. A cidade de Aleksinac e outros bastiões socialistas do sul da Sérvia sofreram bombardeios particularmente pesados, que resultaram na morte de muitos civis. Os dirigentes de Aleksinac e várias outras cidades do "Cinturão Vermelho" da Sérvia se mostraram convencidos de ter sido bombardeados tão impiedosamente sobretudo por serem socialistas, suspeita reforçada pelo fato de a região praticamente não ter indústrias pesadas.

Em Novi Sad, fábricas em regime de autogestão que de alguma forma tinham sobrevivido aos implacáveis anos de sanções foram reduzidas a ruínas, assim como as estações de ônibus e trens. Pontes importantes foram derrubadas, impedindo a navegação no Danúbio, contaminando o fundo do rio com produtos químicos tóxicos e metais pesados e isolando a maior parte da Sérvia do resto da Europa. Em virtude da sua profundidade, considerou-se que era praticamente impossível limpar o Danúbio.

As empresas iugoslavas de eletricidade e construção civil eram competitivas em relação às similares ocidentais, frequentemente conquistando contratos no exterior. Os bombardeios da OTAN acabaram direitinho com essa concorrência. As fábricas de sistemas de calefação e toda a indústria de processamento de petróleo foram seriamente incapacitadas. Mísseis que só explodem depois de penetrar na terra (destinados a destruir abrigos antiaéreos no subsolo) foram usados para fragmentar cabos de transmissão subterrâneos em uma subestação elétrica nas imediações de Zemun. E não havia muita esperança de consertá-los, pois as sanções internacionais privavam os iugoslavos das peças de reposição fabricadas pela Westinghouse.[3]

Os ataques da OTAN também se destinavam a aterrorizar e desmoralizar a população civil. Bibliotecas, teatros, hospitais, clínicas, maternidades, sanatórios e casas geriátricas foram destruídos ou gravemente danificados, com resultados graves em termos de ferimentos e perda de vidas. Escolas frequentadas por centenas de milhares de alunos foram destruídas ou danificadas. A OTAN bombardeou sítios históricos, monumentos culturais, museus e igrejas — algo que nem Hitler fez.

A impossibilidade de restabelecer os transmissores de energia deixou muitas aldeias e cidades da Sérvia sem aquecimento suficiente no inverno e, no caso de certas populações urbanas, sem abastecimento de água potável. Não há escassez de água na Iugoslávia, mas os sistemas de distribuição e purificação foram seriamente danificados, sendo problemático o conserto. No verão de 1999, bairros inteiros da cidade de Novi Sad estavam sem água potável (embora houvesse água para lavar roupas e descarga de dejetos). O abastecimento de água potável em Belgrado também se tornava difícil por causa do bombardeio das instalações de tratamento de Zarkovo.

Às vezes, os atacantes da OTAN escolhiam cuidadosamente o alvo; outras vezes, despejavam aparentemente de maneira aleatória. Visitei um conjunto habitacional de cerca de setenta unidades que fora destruído. Os moradores que sobreviveram tinham perdido todos os bens e em sua maioria não tinham dinheiro para pagar por uma nova residência. Muitos sobreviventes apresentavam ferimentos e muitos sofriam de choque psicológico e depressão. Uma escola primária vizinha, que levava o nome de Svetozar Markovich, conhecido como "o fundador do socialismo nos Bálcãs", foi seriamente danificada.

Uma aldeia nas imediações de Novi Sad onde não havia nada sequer remotamente parecido com um alvo militar ou de infraestrutura teve dez casas destruídas. Certas construções, parecendo palcos montados, sem parede frontal nem telhado, eram ocupadas por refugiados sérvios da Croácia. Estavam desempregados e não tinham recursos para comprar materiais para a reconstrução. Nem havia disponibilidade de materiais de construção. Eles então se viraram com placas de plástico nas janelas estilhaçadas e um fogão na área externa. Em várias aldeias tinham ocorrido ataques propositais contra áreas residenciais. Em Niš, 23 pessoas foram mortas e setenta ficaram feridas em um dia, na maioria dos casos por bombas de fragmentação — os nossos dólares de contribuintes sendo usados. (As bombas de fragmentação não conseguem destruir estruturas, apenas pessoas.) Membros da nossa delegação se encontraram com pessoas que ainda tremiam de medo ao falar dos ataques. A maioria delas não tinha esperança de poder reconstruir suas casas.

Não muito depois de terminarem os bombardeios, funcionários da OTAN anunciaram que apenas algumas centenas de pessoas tinham sido mortas nos ataques aéreos. Difícil entender como podem ter chegado a esses números à distância em que se encontravam. Como já vimos, as fontes iugoslavas alegam que mais de quinhentos militares e cerca de dois mil civis morreram em ataques que não configuravam uma guerra, mas um massacre unilateral. Dezenas de indivíduos dados como desaparecidos ainda podem estar enterrados debaixo dos escombros. Outros seis mil ficaram feridos, em muitos casos com deficiências graves e permanentes.

UM LIBERAL CANTA HOSANAS AO IMPERIALISMO

"Para que a globalização funcione, a América não pode ter medo de agir como a superpotência onipotente que é. [...] A mão oculta do mercado nunca funcionará sem um punho oculto — o McDonald's não pode prosperar sem a McDonnell Douglas, fabricante do F-15. E o punho oculto que mantém o mundo seguro para as tecnologias do Vale do Silício chama-se o Exército, a Força Aérea, a Marinha e o Corpo de Fuzileiros Navais dos Estados Unidos."[4]

Os dirigentes locais achavam que 78 dias de bombardeio seriam o pior de tudo, mas depois concluíram que as sanções continuariam infligindo sofrimento generalizado. Elas foram acompanhadas de grave escassez de remédios, materiais cirúrgicos, remédios oncológicos, medicações para diabetes e outros suprimentos. A Cruz Vermelha Iugoslava não tinha dificuldade para recrutar doadores de sangue, mas enfrentava uma drástica escassez de bolsas de sangue, que não são fabricadas na Iugoslávia. Fez um apelo urgente para obtenção de alimentos para bebês, leite em pó, alimentos enlatados, óleo de cozinha, arroz, feijão, massas, legumes em conserva, detergente, sabão, tendas, roupas de cama e lamparinas. Também havia carência de suprimentos médicos de todo tipo, além de desinfetantes e produtos de purificação da água.

Impedida de ir a Kosovo, a Cruz Vermelha Iugoslava não tinha como localizar centenas de pessoas desaparecidas (sérvios, albaneses não separatistas e outros) nas áreas ocupadas pela KFOR. Cerca de 130 organizações humanitárias enviavam ajuda para Kosovo, entre elas sociedades da Cruz Vermelha de países integrantes da KFOR, mas poucas se preocupavam com o resto da Iugoslávia. Apenas algumas poucas sociedades nacionais da Cruz Vermelha reagiram bem ao pedido de ajuda da Iugoslávia: as da Bulgária, da Romênia e dos países da Escandinávia enviaram ajuda. Também houve auxílio por parte das organizações da Cruz Vermelha na China e na Alemanha.[5]

Há muito a política americana tem como uma de suas metas estabelecer um monopólio mundial da mídia e um controle ideológico conhecido como "cobertura jornalística objetiva e responsável". Boa parte dos meios de comunicação nacionais da Iugoslávia estava nas mãos de gente que se recusava a enxergar o mundo como o Departamento de Estado americano, a Casa Branca e a mídia corporativa dos EUA — o que não podia ser tolerado. Por esse motivo, entre outros, é que a maioria das estações iugoslavas de televisão e rádio virou alvo de destruição.

A agressão da OTAN não se voltava apenas contra o povo e as instalações produtivas da Iugoslávia, mas também contra sua ecologia. A Sérvia é uma das maiores fontes de água subterrânea da Europa, e a contaminação com toneladas de urânio empobrecido e outros explosivos continuou tendo repercussões em toda a área circundante, até o mar Negro. A OTAN bombardeou parques e reservas nacionais que faziam da Iugoslávia uma das treze mais ricas regiões do mundo em matéria de biodiversidade.[6]

Em Pančevo, enormes quantidades de amônia foram liberadas no ar quando a OTAN atingiu a fábrica de fertilizantes. Nessa mesma cidade, uma usina petroquímica foi bombardeada sete vezes. Quando vinte mil toneladas de petróleo bruto foram queimadas em um único bombardeio de uma refinaria, uma nuvem de fumaça pesada permaneceu no ar durante dez dias. Cerca de 1.400 toneladas de 1,2-dicloroetano, juntamente com enormes quantidades de ácido clorídrico, cloro líquido, amônia líquida e outras toxinas foram derramadas no Danúbio, fonte de água potável para dez milhões de pessoas. Enquanto isso, concentrações de cloreto de polivinilo foram liberadas na atmosfera num nível mais de dez mil vezes superior ao permitido. Em certas áreas, muita gente ficou com manchas e pústulas vermelhas na pele, e os responsáveis pela saúde pública preveem um acentuado aumento dos índices de câncer nos próximos anos.[7]

Um estudo encomendado pela Comissão Europeia constatou poluição radioativa do ar em certas áreas da Iugoslávia em consequência do uso por parte da OTAN de bombas revestidas de urânio. A OTAN confirmou que cada bomba antitanque disparada pelo avião Thunderbolt da força aérea americana continha 275g de urânio empobrecido (ou "DU" — "Depleted Uranium"). Como o urânio tem densidade equivalente a 1,7 da densidade do chumbo, o DU usado em bombas pode facilmente penetrar blindagens de aço comum. As forças americanas também tinham usado amplamente essas armas na Guerra do Golfo de 1991. Quando uma bomba DU atinge uma superfície blindada de aço, ela começa a queimar e libera pequenas partículas de dióxido de urânio radioativo. Essas partículas são levadas pelo vento e ingeridas ou inaladas pelos seres humanos, que acabam então com um foco radioativo instalado nos pulmões ou no intestino, causando câncer, defeitos de nascença e morte prematura — como tem acontecido com frequência dramática na população do Iraque.[8] O relatório da CE considera o urânio empobrecido "talvez a mais perigosa" dentre as "substâncias carcinógenas e tóxicas".[9] Ele tem meia-vida de 4,5 bilhões de anos. Em março de 2000, vazou na OTAN a informação de que, nas onze semanas de bombardeio, dez toneladas de urânio empobrecido foram jogadas na Iugoslávia.[10]

As autoridades iugoslavas temem que o urânio empobrecido tenha sido jogado em áreas rurais de cultivo e pastagem, "assim introduzindo o espectro de uma possível contaminação da cadeia alimentar".[11] Mais de trinta centros agrícolas sofreram enormes perdas. A destruição de fábricas de fertilizantes e nitrogênio gerou dificuldades adicionais para a produção de alimentos. Um funcionário me disse em Novi Sad que as colheitas estavam morrendo misteriosamente. Mas a morte das colheitas talvez não seja propriamente um mistério. Como vimos no capítulo 12, o capitão da força aérea espanhola Martín de la Hoz, que pilotava um F-18 nas missões de bombardeio, declarou que, entre outras coisas, bombas contendo urânio empobrecido e substâncias tóxicas concebidas para envenenar colheitas foram jogadas em alvos militares e não militares na Iugoslávia. Nos dez últimos dias da guerra, os alvos agrícolas eram os principais objetivos dos ataques da OTAN.

Existem muitas maneiras de terceiro-mundializar um país: privá-lo de mercados e comércio, atrasar o desenvolvimento tecnológico, solapar sua estrutura financeira, privatizar e desindustrializar a indústria, empobrecer e desmoralizar a população. Uma das maneiras mais rápidas de conseguir boa parte disso é recorrer a uma maciça força militar para destruir a infraestrutura e a base produtiva e danificar seriamente o sistema ecológico. Foi o que o bombardeio humanitário da OTAN na Iugoslávia conseguiu fazer.

17

MULTICULTURALISMO NA IUGOSLÁVIA

Os dirigentes americanos têm designado vários países como "nações párias", submetendo-os a isolamento econômico e ataques militares. Em linhas gerais, os mesmos recursos de propaganda são usados em todos os casos. Primeiro, os dirigentes do país visado são demonizados. Na Líbia, Gaddafi era um "hitlerista megalomaníaco" e um "louco". No Panamá, Noriega era um "rato do pântano", a pior "escória dos ladrões de drogas", além de "admirador de Hitler". Saddam Hussein, do Iraque, era "o carniceiro de Bagdá", um "louco", "pior que Hitler". E Milošević era o ditador "brutal" e "implacável", considerado "um novo Hitler" pelo presidente Clinton. Cada um desses dirigentes era denunciado por cometer crimes horrendos — embora muitas vezes não especificados — e por representar uma ameaça para a paz e a segurança da região. Mesmo quando não são flagrantemente falsas, essas acusações normalmente são exageradas.

O que não quer dizer que esses líderes de "Estados perigosos" nunca tenham cometido atos de repressão ou outras violações do processo democrático e do direito internacional. Mas não eram piores — e no caso de Milošević, nem de longe tão ruins — em comparação com líderes de muitos Estados fascistas repressivos que se beneficiam de uma ajuda generosa dos EUA. Na verdade, é o aconchegante convívio entre dirigentes americanos e brutamontes assassinos como Batista em Cuba, Somoza na Nicarágua, Salazar em Portugal, Pinochet no Chile, o xá do Irã, Marcos nas Filipinas, Suharto na Indonésia e tantos outros, numerosos demais para serem citados aqui, que torna tão suspeita a súbita indignação com Noriega, Gaddafi, Saddam ou Milošević. O que é realmente ultrajante nesses quatro é o fato de terem trilhado um caminho de certa forma independente de autodesenvolvimento. Eles não adotavam uma atitude de perfeita aquiescência aos ditames do livre mercado global e do Estado de segurança nacional americano.[1]

Cabe lembrar que o presidente iugoslavo Slobodan Milošević nem sempre foi incluído nessa galeria dos perigosos. Inicialmente, o Ocidente encarava o antigo banqueiro como um nacionalista sérvio que poderia lhe ser útil. Ainda em 1995, o governo Clinton aceitou Milošević como parceiro de negociações e fiador dos Acordos de Dayton em relação à Bósnia, chegando a elogiá-lo pelas muitas concessões que fez. Só mais tarde, quando passaram a vê-lo como um obstáculo e não mais como instrumento, os responsáveis pela política externa americana começaram a pintá-lo como se sempre tivesse sido o demônio que "começou todas as quatro guerras". O que pareceu perfeitamente fora de propósito até para Fareed Zakaria, editor-gerente de *Foreign Affairs*, publicação do *establishment* americano, para o qual Milošević, à frente de "um país pobre que não atacou os vizinhos, não é nenhum Adolf Hitler. Não é sequer Saddam Hussein".[2]

Depois de demonizar certos líderes aos olhos da opinião pública, as forças americanas se sentem livres para atacar seus países, matar seus cidadãos em quantidades consideráveis e impor sanções econômicas paralisantes. Os dirigentes americanos e britânicos reiteradamente se referem à Iugoslávia como uma ditadura que não tolera oposição, controla a imprensa para impedir que a população saiba o que realmente está acontecendo e obriga os cidadãos a se encolher de medo ante o que o secretário de defesa britânico George Robertson chamou de "máquina de assassinatos" de Milošević. Mas será que o governo da Iugoslávia era uma ditadura de magnitude tão diabólica que justificasse uma guerra de agressão contra sua população? Vejamos alguns componentes do sistema político da RFI.

Processo político

No regime comunista, as diferentes repúblicas constituintes da RFI gozavam de direitos constitucionais equivalentes. Os comunistas exerciam um quase monopólio do poder público (de maneira menos acentuada em Kosovo) e "desfrutavam de amplo apoio na população, como fiadores de todos os elementos positivos do sistema e como aqueles que tinham liderado uma resistência bem-sucedida ao fascismo".[3]

Quanto às eleições no período posterior à Guerra Fria, representantes do British Helsinki Human Rights Group (BHHRG) acompanharam as disputas parlamentar e presidencial realizadas na Sérvia no outono de 1997. Seu relatório, publicado no site da organização, "constatou muitas deficiências no processo eleitoral sérvio", que, no entanto, "não eram mais graves que as observadas em outros lugares — a república iugoslava de Montenegro, por exemplo, elogiada como um exemplo por outros grupos internacionais de monitoramento". Nenhum mistério aqui: a oposição antissocialista venceu em Montenegro, o que faz toda a diferença na maneira como a eleição é encarada em Washington. Se o resultado é o que Washington quer, a eleição é considerada justa e democrática. Mas se o partido errado for eleito, a eleição é injusta e fraudada; o governo que dela resulta é tachado de "antidemocrático" e os derrotados são apresentados como "a oposição democrática".

Essa mesma rotulagem ideológica foi aplicada na Nicarágua com os sandinistas, que promoveram eleições justas e transparentes, segundo equipes de observadores estrangeiros, mas cometeram o erro de sair vitoriosos e promover reformas sociais que beneficiavam a maioria pobre da população, e não os poucos privilegiados. Seu governo foi condenado como autocrático e a Nicarágua foi submetida a anos contínuos de violência terrorista e desestabilização patrocinadas pelos EUA. Só quando os nicaraguenses, cansados de tanto apanhar, se renderam e votaram na oposição favorável ao livre mercado e financiada pelos EUA — com a promessa de Washington de que teriam paz se assim fizessem — é que as eleições no país foram consideradas livres e democráticas.[4]

Milošević, até o *New York Times* reconheceu, "venceu eleições que segundo observadores internacionais foram mais ou menos justas".[5] No fim de 1999, assumiu a chefia de um governo de coalizão formado por quatro partidos, enfrentando vários partidos de oposição no parlamento. Mas de nada adiantou. Como continuava adotando políticas econômicas que não mereciam a aprovação dos livres-marqueteiros ocidentais, continuou sendo considerado um ditador brutal.

Depois de dois mandatos consecutivos como presidente da Sérvia, Milošević obedeceu à proibição constitucional iugoslava de um terceiro mandato. Em seguida, candidatou-se à presidência da própria Iugoslávia. Esse respeito à Constituição não foi cumprido por todos na região. O presidente da Eslovênia, Milan Kućan, cumpriu três mandatos sucessivos, desrespeitando a limitação a dois mandatos em seu país. Izetbegović violou repetidas vezes o sistema de rotatividade anual da presidência da Federação Bósnia, recusando-se a deixar o cargo. Na Albânia, o governo de Sali Berisha durou até 1996, ditadura corrupta que manipulava eleições e encarcerou o líder da oposição. Nesses e em outros países pós-comunistas, como a Geórgia, pró-capitalistas detentores de mandatos executivos continuaram no cargo, violando as limitações constitucionais, sem uma palavra sequer de desaprovação dos defensores ocidentais do constitucionalismo democrático.[6]

Acesso aos meios de comunicação

Funcionários americanos e comentaristas da imprensa reiteradamente alegavam que os iugoslavos não dispunham de fontes de notícias objetivas, querendo se referir com isto ao tipo de mídia corporativa e monopolística que no Ocidente propaga fielmente o ponto de vista dos EUA e da OTAN em todas as questões de guerra e paz. Na verdade, os iugoslavos podiam, sim, consultar uma série de jornais de oposição e tinham acesso a estações de rádio e televisão da oposição. Tinham acesso à CNN, à BBC, ao Discovery Channel e à televisão alemã. Se dispusessem de antenas parabólicas, como acontecia em muitos casos, podiam sintonizar todas as redes americanas. Não surpreende que o canal de televisão da oposição iugoslava, Studio B, tenha sobrevivido intacto aos bombardeios da OTAN. Ele oferecia sobretudo uma programação oposicionista e entretenimento... e ainda o faz.

A maior censura dos meios de comunicação na Iugoslávia não era exercida pelo governo, mas pela própria OTAN, e da maneira mais sangrenta. Seus ataques aéreos destruíram três canais da TV governamental e dezenas de estações locais de rádio e televisão — matando dezesseis pessoas, em sua maioria jornalistas. Para passar suas mensagens, o governo se apropriava de horários em geral reservados às transmissões privadas. No geral, os iugoslavos tinham acesso a mais meios de comunicação pró-ocidentais do que a outros que pudessem representar um ponto de vista crítico a respeito das políticas da OTAN. Nisso, não se diferenciavam da maior parte do mundo. O pecado da Iugoslávia não era o fato de ter um monopólio da mídia, mas o fato de a parte pública da sua mídia fugir ao controle do monopólio midiático ocidental que abrange a maior parte do mundo, inclusive a própria Iugoslávia.

E NOS EUA?

"Onde estão os jornais e estações de TV de oposição nos EUA? Um americano qualquer pode ir à banca da esquina e comprar um jornal ou revista de oposição que pregue a derrubada do governo? Pode ligar a televisão ou o rádio à noite e ouvir políticos socialistas ou comunistas expondo seus pontos de vista sobre o mundo ou os acontecimentos locais? Por que os EUA exigem que haja esse tipo de mídia oposicionista nos países socialistas quando não dispõem de nada parecido? Os americanos foram submetidos a tamanha lavagem cerebral, estão tão domesticados [...] que sequer pensam sobre essas questões."[7]

Oposição e dissidência

Depois de visitar a Iugoslávia durante os bombardeios da OTAN em maio de 1999, uma delegação do BHHRG informou que "não detectou sinais do tipo de comportamento associado com uma ditadura clássica". As pessoas criticavam abertamente Milošević, mas não o culpavam pela guerra. Muitas diziam que "nunca tinham votado no seu partido, o PSS [Partido Socialista Sérvio], mas enquanto o país estiver sendo atacado, precisam se manter unidas, quaisquer que sejam suas convicções políticas".[8] Tanto antes como depois do massacre aéreo da OTAN, muitas ONGs anti-Milošević dotadas de fundos estrangeiros continuaram a atuar livremente no país. Milhares de manifestantes saíam às ruas contra o governo sem medo de serem abatidos a tiros por esquadrões da morte ou encarcerados por longos períodos — exatamente os riscos em que incorrem os manifestantes em tantos regimes apoiados pelos EUA. Durante uma visita a Belgrado em 1999, vi cartazes da oposição criticando o governo em muitas ruas, com o endereço da organização responsável na parte inferior — o que não seria propriamente aconselhável debaixo do tacão de um ditador implacável. Além disso, os cidadãos iugoslavos podem viajar para qualquer lugar do mundo — o que não é o caso dos americanos.

Escrevendo de Belgrado, o repórter William Drozdiak, do *Washington Post*, se referiu a Milošević como "um homem conhecido pela crueldade no exercício do poder". Apesar disso, peças satíricas ridicularizando o dirigente continuavam sendo apresentadas em casas lotadas. "Milošević", escreve Drozdiak, "permite no país, especialmente no cinema e no teatro, um nível de liberdade de expressão artística que seria inconcebível para muitos outros dirigentes autoritários. Até seus inimigos reconhecem que Milošević não é um tirano no sentido clássico de prender quem o critica." Ele permite que "obras polêmicas e até ofensivas cheguem ao público". O repórter do *Post* cita então um humorista político, que diz: "Atualmente podemos tranquilamente dizer e fazer o que queremos." Um diretor de teatro acrescenta: "Nunca tivemos aqui um Estado policial como no Iraque. Desde que não tenhamos muita influência nas massas, não precisamos nos preocupar com a censura."[9]

Na avaliação de Drozdiak, Milošević permite críticas e sátiras ofensivas porque isso "ajuda a liberar a pressão e a neutralizar as ameaças ao seu governo". Um diretor de cinema dissidente observa: "Aqui em Belgrado, nós enfrentamos um animal esperto e sorrateiro que sabe muito bem como manipular os adversários. Qualquer um pode criticá-lo, mas ele é inteligente demais para nos transformar em mártires ou heróis mandando alguém para a prisão."[10] Desse modo, Milošević — que, não devemos esquecer, foi *eleito* presidente da Iugoslávia numa disputa limpa e transparente — era ditador por decisão da mídia, por um processo de rotulagem que não pode ser refutado. Se ele reprimisse qualquer oposição, seria uma prova da sua tirania implacável. Mas o fato de permitir que ela se manifeste não eliminava a imagem prontinha de um ditador implacável, representando na verdade uma prova dos seus métodos espertos e sorrateiros de controle. Apenas, ele não é um ditador no sentido "clássico".

A imagem demonizada está tão fortemente arraigada que torna as evidências irrelevantes. Qualquer fato e o seu contrário nos levam à mesma conclusão. A imagem não só se torna impermeável a informações contrárias como é capaz de transmutar dados contrários em dados de apoio. Assim, tipos de comportamento que normalmente não se adequam ao modelo autocrático (oposição declarada, eleições democráticas, partidos oposicionistas, sátiras e polêmicas políticas) são facilmente transformados em comprovação do modelo autocrático, sinal da esperteza sorrateira e manipuladora do ditador.

Para um Estado policial, a Iugoslávia apresentava estranha escassez de policiais nas ruas. Só na minha terceira noite em Belgrado pude ver dois deles em patrulha (sem cassetetes) — em flagrante contraste com a polícia de segurança e os militares onipresentes e fortemente armados que se veem em qualquer um dos "democráticos" Estados clientes dos EUA na América Latina e outras partes do mundo. Tampouco me lembro de ter visto presença policial ou militar nas estradas das regiões rurais. A equipe do BHHRG relata que os policiais que pediram para examinar suas câmeras (durante a visita em tempo de guerra) eram corteses e amigáveis, em nítido contraste com as polícias da Bulgária e da Romênia, que mantiveram os integrantes do grupo sob uma vigilância ameaçadora.[11] Talvez o perfil discreto cultivado pela polícia na Iugoslávia fosse apenas uma tática astuciosa para encobrir o fato de se tratar de um Estado policial brutalmente repressivo.

UM "CRIME CAPITAL"

Milošević fez algo que certamente deve ter convencido os dirigentes ocidentais de que ele era o belzebu dos Bálcãs. A fábrica de produtos farmacêuticos ICN, na Iugoslávia, começou como um empreendimento com capitais estatais e privados, sendo os segundos em grande parte fornecidos por Milan Panić, rico empresário sérvio que vivia nos Estados Unidos. Panić já começou contratando uma equipe para assumir o controle total da ICN. (Ele também teria tentado organizar uma greve contra o governo iugoslavo depois de fracassar na tentativa de se candidatar à presidência em 1992.) Em fevereiro de 1999, em reação às manobras de Panić para assumir o controle e ao descumprimento de suas obrigações financeiras, tropas iugoslavas foram enviadas para ocupar a ICN. Milošević então entregou a empresa à gestão dos trabalhadores. A mídia americana disse que isso se tratava de uma violação dos "direitos humanos". A ICN foi bombardeada pela OTAN em 1999.

Crimes de guerra

Os crimes de guerra de que o Ocidente acusa Milošević parecem muito menos graves que os crimes de guerra cometidos por Tuđman e Izetbeković ou, por sinal, Clinton, Blair e a OTAN. Embora no fim da década de 1990 Milošević fosse taxado de criminoso de guerra de magnitude hitleriana, nunca chegou a ser formalmente acusado de algum crime. Pedidos reiterados do Tribunal Penal Internacional de documentação sobre seus supostos atos de perversidade ficaram sem resposta do governo americano por mais de dois anos. Finalmente, em maio de 1999, quando o apoio da opinião pública aos bombardeios começava a vacilar, tratou-se de montar uma acusação formal contra Milošević. Estranhamente, todas as acusações, exceto uma, se referem a incidentes ocorridos *depois* do início dos bombardeios da OTAN. E, no entanto, as supostas atrocidades há muito sistematizadas por Milošević é que haviam tornado inevitáveis os bombardeios.[12] Outra curiosidade: o número de mortes pelas quais Milošević era considerado responsável chegava a 391.[13] Mas a escala *genocida* de seus crimes, incansavelmente reiterada, é que supostamente tornara tão moralmente imperativa a medida extrema de bombardear cidades em toda a Iugoslávia.

Diante de uma campanha de propaganda tão inflexível contra Milošević e os sérvios, até mesmo figuras destacadas da esquerda — que se opõem à política da OTAN contra a Iugoslávia — se sentiram compelidas a baixar cabeça para a ortodoxia. Enquanto os liberais do *establishment* diziam "Os sérvios são brutais e monstruosos. Vamos atacá-los", alguns progressistas argumentavam "Os sérvios são brutais e monstruosos. Mas não devemos atacá-los, pois seria pior ainda." Nisso, revelavam ter sido influenciados exatamente pela máquina de propaganda que criticavam em tantas outras questões.[14] E davam a impressão de que até mesmo aqueles que se opunham à guerra da OTAN aceitavam a suposta verdade dos documentos dos adeptos da guerra.

Nunca será demais repetir: recusar a imagem demonizada de Milošević e do povo sérvio *não significa* idealizar qualquer dos dois nem alegar que as forças iugoslavas não cometeram crimes. Significa apenas contestar a propaganda unilateral que serviu de pretexto para o desmembramento imperialista da Iugoslávia e a violência muito mais criminosa da OTAN.

A política étnica dos sérvios

Em fevereiro de 2000, em entrevista em rede nacional de televisão, a secretária de Estado americana, Madeleine Albright, referiu-se a Slobodan Milošević como um homem "que decide que se você não for do grupo étnico dele, não tem o direito de existir", comentário que o entrevistador não julgou necessário questionar.[15] Segundo Albright, Milošević é um sociopata sérvio chauvinista empenhado em exterminar os outros povos. Na verdade, embora os sérvios fossem repetidamente acusados de limpeza étnica, a própria Sérvia — ao contrário da Croácia, da Bósnia e de Kosovo, onde de fato houve limpeza étnica — é atualmente a sociedade mais multiétnica que restou da antiga Iugoslávia, abrigando cerca de 26 nacionalidades, com dezenas de milhares de albaneses que vivem em Belgrado e imediações e centenas de milhares de húngaros, croatas, romenos, tchecos, romas, judeus, turcos e eslovacos. A Iugoslávia foi o único país dos Bálcãs que não expulsou a minoria turca. Foi o único país do mundo a reconhecer oficialmente a cidadania dos rutenos (19 mil), um grupo nacional originado no oeste da Ucrânia e estabelecido na Voivodina, província autônoma da Sérvia, como Kosovo. Funcionários da Voivodina afirmam que todas essas diferentes nacionalidades dispõem de educação em suas próprias línguas, do maternal ao ensino médio. Os húngaros da Voivodina podem chegar à faculdade de medicina estudando em húngaro.

Estima-se que duzentos mil muçulmanos vivam em Belgrado, muitos há décadas. Cerca de cinquenta mil são provenientes de Kosovo. As populações albanesa e muçulmana de Belgrado não vivem em guetos, mas espalhadas pelas cidades, em sua maioria em empregos de colarinho azul. Como informou o *Daily Telegraph* de Londres, Belgrado é "conhecida por sua tolerância [...] uma cidade cosmopolita de intensa vida social; e essa tradição persiste".[17]

UM DEMÔNIO DA LIMPEZA ÉTNICA?

Milošević supostamente teria lançado sua campanha de "limpeza étnica" contra Kosovo em discurso pronunciado em Kosovo Polje em 1989. Aqui vai um trecho do discurso:

> Nunca houve apenas sérvios vivendo na Sérvia. Hoje, mais que no passado, ela também conta com habitantes de outros povos e nacionalidades. O que não é uma desvantagem para a Sérvia. Estou realmente convencido de que é uma vantagem. No mundo inteiro, hoje em dia, a composição nacional de quase todos os países, especialmente os desenvolvidos, também tem mudado nessa direção. Cidadãos de diferentes nacionalidades, religiões e raças convivem cada vez mais frequentemente e essa convivência é cada vez mais bem-sucedida.
>
> O socialismo, em particular, sendo uma sociedade democrática progressista e justa, não deve permitir que sua população seja separada por barreiras nacionais e religiosas. As únicas diferenças que podem e devem ser permitidas no socialismo são as diferenças entre os que trabalham com afinco e os preguiçosos, entre os honestos e os desonestos. Desse modo, todas as pessoas que na Sérvia vivem do próprio trabalho, honestamente, respeitando outros povos e outras nações, estão na sua república.
>
> Afinal, todo o nosso país deve se pautar por esses princípios. A Iugoslávia é uma comunidade multinacional e só pode sobreviver em condições de plena igualdade para todas as nações que nela vivem.[16]

A ministra federal para os Refugiados, Bratislava Morina, que se encontrou com a delegação com a qual viajei a Belgrado em agosto de 1999, afirmou que antes da guerra movida pela OTAN havia cerca de cinquenta publicações de língua albanesa na Iugoslávia, a maioria em Kosovo. Segundo ela, em épocas anteriores, cargos da importância da presidência da Iugoslávia, da presidência da organização nacional da juventude e da associação sindical tinham sido ocupados por albaneses. Os albaneses ainda ocupariam posições de destaque na sociedade, sustentava ela, se não tivessem optado por se retirar do processo político. O próprio marido de Morina, albanês, era diretor de segurança, e seus filhos se identificavam como albaneses.

No parlamento provincial da Voivodina, os trabalhos são simultaneamente traduzidos para seis línguas, segundo seu presidente, Živorad Smiljanić, que se encontrou com nossa delegação em Novi Sad. Segundo ele, elementos separatistas húngaros na Voivodina tentavam transferir a província para o domínio da Hungria. Smiljanić afirmou que dois milhões de húngaros na Romênia e seiscentos mil na Eslováquia não desfrutavam de boa parte dos direitos nacionais concedidos aos trezentos mil habitantes de etnia húngara da Voivodina, e apesar disso os Estados Unidos e até a Hungria não pareciam se preocupar muito com eles. Em 1991, parte dos húngaros vivendo na Voivodina foram para a Hungria, mas não se deram muito bem, segundo ele. Durante a guerra da OTAN, quase não houve saída de húngaros e 90% atenderam à convocação militar. Na verdade, todas as minorias nacionais, afirmou, se mantêm leais ao seu país, a Iugoslávia.

Smiljanić se estendeu sobre vários temas. Referiu-se às onze crianças mortas em Surdulica pelo bombardeio aéreo. "Os seus dirigentes falam de direitos humanos", comentou, amargo, "mas o direito das crianças à vida é um dos maiores direitos humanos. Seria por acaso a democracia em ação quando as bombas da OTAN destruíram escolas, creches e hospitais cheios de pacientes acamados? Os seus dirigentes falam de liberdade de informação, mas matam jornalistas." Falam de governo responsável e prestação de contas perante a lei, e, no entanto, países membros da OTAN iniciaram hostilidades contra a Iugoslávia "sem aprovação de qualquer um dos respectivos parlamentos e contrariando manifestações de massa nas ruas".

Ao ser perguntado sobre as necessidades mais urgentes do país, Smiljanić trovejou: "Queremos sobretudo que a comunidade internacional nos deixe em paz, que suspenda as sanções e pare de nos brindar com sua 'orientação' e 'ajuda.'" Apesar de dez anos de sanções, ele disse, seus compatriotas vivem melhor que a maioria das pessoas em países que adotaram as leis de livre mercado, como a Hungria, a Romênia, a Polônia e a Bulgária. E agora que estão aderindo à OTAN, esses países vão se endividar ainda mais, cada um deles tomando emprestados dezenas de bilhões de dólares para equiparar suas forças militares aos padrões da organização. "Clinton e Albright nos destruíram e agora teremos de reconstruir — nos termos deles", concluiu. "O único deus cultuado na Nova Ordem Mundial é o dólar. A guerra só foi boa para os negócios e os comerciantes de armas."[18]

18

O FUTURO DA IUGOSLÁVIA: UMA NOVA BULGÁRIA?

Em setembro de 1999, Blagovesta Doncheva, que militara na "oposição democrática" anticomunista da Bulgária, descrevia em uma carta aberta o que poderia estar reservado à Iugoslávia se caísse nas mãos do tipo de "oposição democrática" neoliberal e adepta do livre mercado que já assumira o poder em Sófia. Os problemas atuais da Bulgária, segundo ela, dão o que pensar quanto ao futuro da Iugoslávia.

Doncheva fez parte da União de Forças Democráticas (UFD) na Bulgária até junho de 1993. A UFD pode ser considerada uma imagem espelhada da Oposição Democrática Unida da Sérvia, antissocialista e "pró-ocidental", ou seja, empenhada em lutar pela "democracia" de livre mercado. Como os partidos de oposição sérvios, a UFD recebeu na Bulgária muito dinheiro do exterior, além de carros, computadores e "esplêndidos cartazes" para a eleição de 1990 e as eleições dos anos subsequentes. Em troca, o governo búlgaro liderado pela UFD abriu corredores terrestres e aéreos para as forças dos EUA/OTAN durante a guerra contra a vizinha Iugoslávia.

Durante o que descreve como a "época mais terrível da minha vida", Doncheva acompanhou a privatização da economia búlgara pelos "reformistas" da UFD. "O Fundo Monetário Internacional e o Banco Mundial estão conseguindo acabar com a indústria búlgara, destruir o tecido social."[1] O governo búlgaro e os investidores ocidentais começaram por privatizar as empresas estatais búlgaras, para em seguida liquidá-las. Ou então as vendiam por uma bagatela a poderosas corporações estrangeiras. Assim, a fábrica da Copper Metallurgical que produzia ouro e platina, além de cobre eletrolítico, foi vendida à corporação belga Union Minière por um valor nominal.

Doncheva descreve o desmantelamento do socialismo de Estado búlgaro pelas potências financeiras ocidentais e a sistemática terceiro-mundização do seu país, embora não use esses termos. Observa que a indústria e a infraestrutura da Bulgária, inclusive as rodovias, "foram destruídas — e isso *sem* bombardeios — em menos de dez anos". As reformas de livre mercado também geraram hordas de desempregados, mendigos nas ruas e crianças morrendo de desnutrição e uso de drogas.[2]

A população da Bulgária vem diminuindo, com o aumento dos índices de mortalidade e uma juventude que se recusa a ter filhos. Além disso, como é maior o número de mães sofrendo de doenças e desnutrição, a mortalidade infantil também aumentou. Doncheva lembra aos amigos sérvios que na época do antigo sistema econômico (comunista) a Bulgária tinha assistência médica e educação gratuitas, assistência social e programas para mães e idosos. As mulheres se aposentavam aos 55 anos e os homens, aos sessenta. Hoje, as chances de desfrutar de uma aposentadoria segura desapareceram, assim como muitas oportunidades de emprego. O número de crianças que não frequentam a escola aumenta a cada ano. "Só os pais relativamente abastados ou que ainda tenham algum dinheiro guardado podem proporcionar ensino superior aos filhos."

Na Bulgária capitalista, a assistência de saúde tornou-se praticamente inacessível para a maioria, e muitos improvisam com medicação caseira. "Ir ao dentista é considerado uma espécie de luxo. Fala-se de aumentos drásticos dos preços dos remédios. [...] O fosso entre os poucos ricos e a grande maioria de pobres se aprofunda terrivelmente a cada dia", escreve Doncheva. Os preços baixos e subsidiados de passagens de trem para estudantes, mulheres com filhos e idosos estavam com os dias contados. Nas cidades pequenas do interior, muitos aposentados complementam a renda miserável com trabalhos ocasionais, e nas grandes cidades, vendendo no inverno frutas e legumes das hortas de família nas aldeias — o que só era possível porque podiam viajar de trem pela metade do preço. O aumento dos preços causaria mais fome e privação.

Doncheva acusa George Soros, "o financista internacional de jornais, estações de rádio, ONGs e partidos políticos que contribuem para a destruição de nações até então viáveis". Ela o considera um grande expoente da "sociedade aberta" e das "fronteiras abertas", levando à ruína as poucas e corajosas indústrias búlgaras que ainda conseguem "manter-se vivas e garantir o pão de certo número de pessoas". O chamado livre comércio significa importação de uma enxurrada de produtos inferiores e alimentos processados; eles são vendidos a preços inferiores aos dos produtores locais, levando esses à falência.

Doncheva vive em regime de extrema restrição econômica e não sabe até quando vai aguentar. Mas o que mais lhe corta o coração é ver pessoas de idade revirando latas de lixo e pedindo esmolas nas ruas, com as mãos trêmulas e lágrimas de dor e humilhação no rosto. "A mendicância na rua pode fazer parte da vida urbana em Nova York, mas para nós, aqui, é algo novo e chocante." Ela comenta ainda que os preços de produtos básicos como pão, sapatos, roupas e utilidades dobraram ou triplicaram, ao passo que os salários diminuíram 25% ou mais, e as pensões, 50% nos dez últimos anos. "Em 1989 [o último ano do regime comunista], a mãe de uma amiga tinha uma aposentadoria de 105 leves. Agora, são 46 leves. Ontem, meu cunhado disse que tinha visto a antiga diretora da escola do filho revirando o lixo."

Doncheva adverte que a "oposição democrática" sérvia não deve se deixar seduzir pelos "açucarados slogans de 'democracia' (que democracia?) e adesão à 'civilização ocidental' (de que civilização estamos falando?). Por acaso vocês, da chamada oposição sérvia, realmente acham que o melhor caminho é aderir a essa 'civilização'? Qual será o fruto amargo de todo esse frenesi atual? Mão de obra barata para corporações americanas e ocidentais e a humilhante agonia de uma morte lenta e torturante na terrível pobreza imposta ao seu povo". O bombardeio implacável da OTAN na Iugoslávia, um país europeu soberano, revelou a verdadeira natureza dessa "civilização".

Ela pergunta: o que busca a "oposição democrática" sérvia? "A vida deplorável e sem perspectivas dos vizinhos búlgaros? Será que eles querem mesmo ver os filhos sem dinheiro para comprar sapatos e livros escolares? Querem mesmo trabalhar doze horas por dia para corporações americanas ou alemãs, por um salário de miséria?" Deviam ter em mente que o maior atrativo para uma corporação estrangeira num país devastado como a Iugoslávia é a exploração de mão de obra barata nas empresas de trabalho análogo à escravidão, as chamadas *sweatshops*.

Doncheva lembra que em 1993 ela e seus companheiros da UFD achavam que o governo comunista búlgaro simplesmente mentia sobre o que era a vida no capitalismo. Preferiam acreditar nas "conversas sedutoras sobre democracia e abertura e tudo mais", sem entender nada sobre o FMI e as corporações transnacionais. Mas "a chamada oposição sérvia" não pode alegar tanta inocência, especialmente depois da guerra americana no seu país e dos cem milhões de dólares que Washington está mandando para essa oposição. "A questão toda não é Milošević", conclui ela. Os Estados Unidos e outras potências ocidentais "cobiçam" o que resta da Iugoslávia. "Seus interesses geopolíticos e suas corporações exigem: eles querem a terra" e os recursos que ainda restam na Iugoslávia.

Mas além da Bulgária descrita por Doncheva, a Romênia talvez também pudesse servir de modelo de livre mercado para a futura Iugoslávia. No fim do milênio, o salário médio na Romênia tinha caído para oitenta dólares por mês, enquanto os preços subiam abruptamente. Cerca de um terço da população subsiste com menos de dois dólares por dia. Segundo o *New York Times*, publicação em geral preocupada em promover o lado brilhante do neoliberalismo de livre mercado, "ao alvorecer em Bucareste, a capital, grupos de crianças saem da sarjeta para mendigar, exatamente como na capital de Angola".[4] A segurança vitalícia no emprego desapareceu, o desemprego tem crescimento desenfreado e a população carcerária explode. Uma pesquisa de opinião de novembro de 1999 deixou em estado de choque o governo capitalista-restauracionista: 61% dos entrevistados consideravam que a vida era melhor no governo comunista de Nicolae Ceausescu.[5] Apesar da escassez de bens de consumo e de sérios problemas durante o regime anterior, todo mundo tinha algum grau de segurança e o problema da sobrevivência não era um desafio diário nem uma tragédia frequente.

O FUTURO DA IUGOSLÁVIA: UMA NOVA BULGÁRIA?

COM SEUS PENSAMENTOS INCORRETOS, DONCHEVA VAI PARAR NO HOSPITAL PSIQUIÁTRICO

No dia 16 de novembro de 1999, um grupo de cidadãos de Sófia se reuniu em frente à embaixada dos Estados Unidos para protestar contra a visita de Clinton e o plano de instalar bases militares americanas na Bulgária. Em flagrante violação do Artigo 39 da Constituição búlgara, que garante a todo cidadão o direito de protestar, o prefeito da capital, Stefan Sofiyanski, membro da UFD, tinha proibido manifestações contra a visita de Clinton.

Quinze minutos depois de reunidos os manifestantes, uma *van* da polícia apareceu e os dispersou à força, não sem antes arrastar três mulheres e jogá-las dentro do veículo. As três manifestantes, Madeleine Kircheva, Anka Petkova e Blagovesta Doncheva, ficaram detidas por duas horas. Kircheva e Penkova foram então liberadas. Mas Doncheva foi levada para um hospital psiquiátrico e mantida incomunicável.[3]

Mas se não for a Romênia, talvez o futuro da Iugoslávia se assemelhe ao da Rússia, onde as "reformas" de livre mercado, a política de privatização e a desindustrialização acarretaram enorme corrupção, criminalidade, pobreza em massa e miséria humana, no que redundou em mais um processo bem-sucedido de terceiro-mundização. A Rússia hoje pode ser considerada uma cleptocracia. Uma minoria ínfima de russos diabolicamente espertos e brutalmente corruptos privou o país de boa parte dos seus recursos, mergulhando os cidadãos comuns em profunda pobreza, segundo observa o coronel da reserva americano Alex Vardamis: "Enquanto criminosos com contas bancárias no exterior vivem em luxo ostentatório, os pensionistas russos passam fome."[6]

Mas se o exemplo não for a Bulgária, nem a Romênia, nem a Rússia, talvez o futuro da Iugoslávia seja algo ainda pior: o Iraque. Houve tempo em que os iraquianos desfrutavam do mais alto padrão de vida do

Oriente Médio. Mas o Iraque foi castigado por maciços ataques aéreos das potências ocidentais e impiedosamente estrangulado por prolongadas sanções internacionais, o que gerou dezenas de milhares de mortes por ano. O sistema de saúde do país, considerado bom antes da Guerra do Golfo, está em frangalhos há mais de uma década. O índice de mortalidade decorrente de doenças infecciosas, muitas facilmente curáveis, é extremamente alto. A tuberculose, em particular, se dissemina. "Os pacientes sofrem e morrem nos hospitais porque não há peças de reposição para consertar equipamentos danificados", diz o ministro iraquiano da Saúde, o dr. Omeed Medhet.[7] Em 2000, em decorrência das sanções, o Iraque apresentava índice de 0% de cura da leucemia. O índice nos EUA é de 70%. Além disso, o abastecimento de água ainda está contaminado; a cólera e a febre tifoide continuam matando. Antes abundante, a base agrícola do Iraque foi destruída por toxinas químicas lançadas durante a agressão aérea ocidental, inclusive enormes quantidades de urânio empobrecido. A escassez de alimentos continua grave. Por causa da desnutrição, muitas crianças — as que conseguem sobreviver aos primeiros anos — crescem com sérias limitações de peso e altura.

No ano de 2000, a Iugoslávia de fato parecia ter tomado uma direção terceiro-mundista que só poderia ir de mal a pior. Um relatório divulgado pela Economist Intelligence Unit em Londres, em agosto de 1999, concluía que os enormes prejuízos infligidos à estrutura iugoslava pela OTAN fariam a economia encolher dramaticamente nos anos seguintes.[8] O produto interno bruto caiu 40% no primeiro ano após os bombardeios e vai permanecer em níveis muito inferiores aos de uma década antes. O relatório previa que a Iugoslávia em breve será o país mais pobre da Europa. Missão cumprida.

19

A PRIVATIZAÇÃO COMO META GLOBAL

Por que as forças do capital financeiro desejariam desmantelar o setor público da Iugoslávia e, a propósito, o setor público da Bulgária, da Romênia e de todos os outros países, inclusive os Estados Unidos? Os dirigentes dos países capitalistas estão sempre empenhados em ampliar as prerrogativas de livre mercado das grandes corporações multinacionais em todos os recantos do mundo, num processo eufemisticamente chamado de globalização. O livre mercado é estabelecido pela eliminação de investimentos e propriedades de caráter público, o desmantelamento dos serviços públicos e o corte de salários e garantias de emprego, benefícios aos trabalhadores, proteções comerciais e programas de desenvolvimento não lucrativos. O objetivo é abrir todos os recursos e economias nacionais aos investidores e credores internacionais, em termos totalmente favoráveis a eles. E mostrar à população mundial que, como teria dito Margaret Thatcher, "Não há alternativa" — ou TINA (sigla inglesa de "There is no alternative"). A Iugoslávia foi tomada como alvo por ser um país que ainda representava um desvio viável da TINA.

Uma regra fundamental da ideologia do livre mercado é que as regulamentações governamentais e os gastos públicos são fardos onerosos que prejudicam a busca da prosperidade, uma incubadora de ineficácia e parasitismo. O enxuto sistema competitivo do setor privado sempre é capaz de fazer as coisas melhor é a um custo mais baixo em comparação com o inchado sistema burocrático de um governo intrometido. É o que reza o catecismo do livre mercado.

Na realidade, a classe dos investidores não condena *todos* os gastos públicos. Embora os representantes dos grandes negócios apregoem as virtudes da autossuficiência para o público em geral, eles próprios recorrem ao governo para toda uma série de benesses. Recebem do governo federal e dos governos estaduais e locais bilhões de dólares a título de capital inicial, financiamento de pesquisa e desenvolvimento, capital social, ajuda financeira de emergência, financiamento de dívidas, empréstimos a juros baixos, subsídios de exportação, créditos fiscais e outros favores especiais. Por cortesia do contribuinte americano, o governo proporciona à indústria privada toda uma infraestrutura de transportes financiada com recursos públicos: aeroportos, estações ferroviárias, canais, portos e facilidades portuárias. E o capital público é usado para desenvolver setores inteiros da economia, como a indústria das companhias aéreas, as telecomunicações, a indústria nuclear, a internet e vários produtos médicos e farmacêuticos — em seguida entregues às corporações privadas para que os comercializem e colham os lucros.

A América corporativa depende do governo para os variados modos de aplicação da força e da violência necessárias para manter populações inquietas na linha, seja dentro de casa ou no exterior. Vários organismos governamentais envolvidos em vigilância, repressão, encarceramento e controle social em geral são generosamente financiados e estimulados pelos mesmos parlamentares conservadores que, para outros efeitos, defendem o corte dos recursos destinados às agências de serviços públicos. Unidades do Estado de segurança nacional — os militares, a CIA, o FBI, a Agência de Inteligência de Defesa (DIA) e outras — devoram juntas a maior parte do orçamento discricionário do governo federal. Centenas de forças policiais dos estados, condados e municípios recebem somas generosas para contratar agentes adicionais e comprar os equipamentos mais recentes e avançados, não tanto para combater o crime (área na qual em geral é feito um trabalho medíocre), mas para manter estrito controle de qualquer agitação social.

Não é exatamente correto, portanto, dizer que o mundo dos grandes negócios é contra o governo grande. Depende de que parte do governo estamos falando, e quais os interesses que estão sendo atendidos. Os propagandistas da ideologia empresarial nos dizem que a única coisa que o governo sabe fazer realmente bem é recolher impostos e gastar. Na verdade, as corporações acreditam muito na capacidade do governo de fazer certas coisas, e fazê-las bem, pelo menos quando se trata de ajudar empresas a se manter solventes, a criar, produzir e distribuir certos bens e serviços e de proporcionar a força e a violência necessárias para resistir a interesses potencialmente adversos aos negócios.

Mas o mundo dos negócios *de fato* se opõe ferozmente aos serviços públicos que competem com o mercado do lucro privado, que são úteis para os consumidores, gerando renda e poder aquisitivo entre os consumidores ao criar empregos no setor público e ao mesmo tempo atendendo a necessidades do público em geral — tudo isso sem que um tostão sequer de lucro seja gerado para a indústria privada. Habitação, serviços de utilidade pública, transportes públicos, comunicações públicas, saúde pública e educação pública — todos esses são setores que atraem o olhar invejoso e cobiçoso dos investidores privados, permanentemente buscando no horizonte novas oportunidades de acumular capital e novas maneiras de sugar o tesouro público.

Um setor público em expansão pode diminuir as oportunidades de lucro privado. Pode evidenciar que é possível oferecer serviços vitais sem necessidade das corporações privadas, não raro a um custo administrativo menor do que seria tolerado pelo mercado privado. Basta ver o fundo de aposentadoria, o subsídio a viúvos e dependentes e o seguro-invalidez garantidos pela Previdência Social, ou os planos de assistência médica de certos países em comparação com os custos dos seguros médicos privados e das empresas de atendimento de saúde nos Estados Unidos.

Além disso, o salário social proporcionado pelo Estado de bem-estar social — em forma de seguro-desemprego e seguro-invalidez, fundos de pensão, benefícios médicos e complementos de renda — dá à população trabalhadora fontes alternativas de renda que de certa forma a deixam menos vulnerável às extorsões impiedosas do mercado de trabalho. Os trabalhadores precisam ser privados de quaisquer meios alternativos de subsistência que interfiram na exploração sistemática do trabalho assalariado. Os programas de preservação da renda aumentam o poder de barganha dos trabalhadores frente aos empregadores, com isso diminuindo os lucros.[1] Ao reduzir o salário social e abolir subsídios em forma de educação pública, serviços públicos de saúde e semelhantes, os interesses conservadores dominantes deixam a população trabalhadora mais pobre que nunca. É mais fácil manter os salários baixos com uma classe trabalhadora carente e desmoralizada, enfrentando desemprego crônico sem a cobertura de benefícios de espécie alguma nem subsídios de renda.

E é esse o objetivo. Pois quanto mais pobre você for, mais vai labutar para ganhar cada vez menos. Um assessor econômico bem posicionado do Partido Conservador britânico disse, com reconfortante sinceridade: "O aumento do desemprego era uma maneira altamente desejável de reduzir a força das classes trabalhadoras. [...] O que se planejou — em termos marxistas — foi uma crise no capitalismo que recriou um exército de reserva de mão de obra, permitindo que desde então os capitalistas obtivessem maior lucro."[2]

O fato de não passar pela cabeça dos americanos labutar do alvorecer ao pôr do sol por tostões, como acontece com almas menos afortunadas em muitos países do Terceiro Mundo, não se explica por eles serem mais generosamente dotados de amor-próprio. Houve épocas, no fim do século XIX e no início do século XX, em que havia nos Estados Unidos quem trabalhasse com salários e em condições semelhantes às que são encontradas nas piores *sweatshops* do Terceiro Mundo. Só depois de gerações seguidas de luta, ao longo do último século, os trabalhadores americanos alcançaram certo grau de democracia econômica. A classe corporativa americana aceita com relutância essas conquistas, pelo menos por enquanto, mas nunca cedeu em seu desejo de revogá-las.

Na verdade, já há lugarejos nos Estados Unidos em que estão na ordem do dia condições como essas, como jornadas de trabalho mais longas, salários de subsistência, ausência total de benefícios, nenhuma estabilidade de emprego e até trabalho infantil. Segundo o Departamento do Trabalho americano, o número de menores empregados ilegalmente em *sweatshops* vem aumentando. Cerca de oitocentas mil crianças e adolescentes migrantes trabalham em serviços braçais. E a Academia Americana de Pediatria estima que cem mil crianças se ferem anualmente no trabalho nos Estados Unidos.[3]

Os livres-marqueteiros conservadores também têm preconizado a privatização da Previdência Social (o que significa eliminar a aposentadoria pública, os seguros para viúvos e dependentes e os programas de apoio em casos de invalidez), reduzindo salários, abolindo o salário mínimo, sucateando empregos, cortando o financiamento da educação pública e dos serviços de saúde pública, abrandando as restrições ao trabalho infantil e fazendo retroceder os padrões de saúde e segurança e de proteção ao consumidor, as salvaguardas ambientais e quaisquer outros benefícios e regulamentações que possam diminuir os lucros ou conferir algum poder de barganha à população trabalhadora.

O objetivo é a terceiro-mundização dos Estados Unidos e de todos os outros países. Por que então pareceria surpreendente ou improvável que o capital financeiro internacional pretendesse o mesmo para a Iugoslávia e todos os outros países socialistas cuja existência só servia de "mau exemplo" para as populações do mundo inteiro? O propósito final é criar um mundo em que não haja alternativa ao capitalismo corporativo, um mundo em que o capitalismo seja praticado em toda parte, de todas as maneiras, exatamente como poderiam desejar os elementos mais poderosos da classe capitalista.

20

A AGRESSÃO CONTINUA

Uma vez estando Kosovo sob a regência da OTAN, a cruzada contra a Iugoslávia prosseguiu com força total. Como aconteceu antes no caso do Chile, da Nicarágua, de Angola, Moçambique e alguns outros países, esperava-se que a Iugoslávia se submetesse, debaixo de tanta agressão. "Um dos principais motivos de impasse para os políticos ocidentais tem sido o fato de a Sérvia não se comprometer com os acordos de negócios desejados."[1] A política americana então se manteve a mesma: encontrar novas oportunidades de interferir nas questões internas da Sérvia e de Montenegro, desestabilizar e subverter o que restava do sistema socialista da Iugoslávia e — sob o estandarte da "reforma" — favorecer o tipo de restauração capitalista predadora encontrado na Rússia, na Polônia, na Hungria, na República Tcheca, na Romênia, na Geórgia e em outros países.

Com esse objetivo, os dirigentes americanos e os meios de comunicação controlados por corporações obedecem a uma espécie de decreto ideológico que torna supérfluos argumentos e provas. Como vimos antes, os partidos políticos que vencem eleições, mas adotam políticas socialistas ou de alguma forma economicamente igualitárias, mesmo que de forma limitada, são estigmatizados como "linha dura", "ditatoriais" e "opressivos". Os partidos pró-ocidentais e defensores do livre mercado que são derrotados, não obstante as generosas somas recebidas

das agências ocidentais de inteligência, são louvados como "oposição democrática" independente.[2]

O Congresso americano proíbe contribuições de estrangeiros às campanhas políticas no país, para preservar a integridade do nosso sistema eleitoral (financiado pelas corporações). Mas esse mesmo Congresso continuou aprovando consideráveis verbas para apoiar as transmissões da Rádio Europa Livre e a mídia "independente" na Iugoslávia, além de valores ainda maiores para apoiar grupos políticos "pró-ocidentais" e "pró-reformas" (leia-se, pró-capitalistas) na Sérvia e em Montenegro.[3] Grupos privados como a Fundação Soros e outras organizações não governamentais (ONGs) — muitos com acesso direto ou indireto a financiamentos oficiais sigilosos — forneceram muito dinheiro a grupos oposicionistas. A Fundação Soros alega não se envolver na política da Europa do Leste, mas um dos seus diretores, Bega Rucha, admitiu em conversa com Barry Lituchy que, só na Sérvia, a fundação transfere mais de cinquenta milhões de dólares por ano a organizações políticas e meios de comunicação da oposição.[4] A Fundação Soros e outras ONGs financiaram mais de cinquenta publicações na Iugoslávia, além da muito louvada Rádio B92. Bem financiados, partidos políticos promotores do livre mercado desfrutam de certo grau de apoio da parte de elementos da classe empresarial e profissional, que alimentam expectativas de prosperar num regime capitalista. Mas avançam muito menos entre a vasta maioria dos sérvios da classe trabalhadora.[5]

Outras tentativas foram feitas no sentido de manipular a vida política da Iugoslávia. Com suas refinarias e usinas de energia elétrica destruídas, a RFI precisava desesperadamente de combustíveis no inverno de 1999-2000. Aproveitando a oportunidade, a União Europeia enviou à Sérvia carregamentos de combustível para aquecimento, mas só para cidades controladas pela oposição. A mensagem era clara: os que votaram como queriam os capitalistas ocidentais receberiam ajuda humanitária; os outros, que congelassem sob as sanções. Quando o primeiro carregamento foi interceptado pela alfândega iugoslava — porque o peso dos caminhões excedia o máximo permitido e outros problemas desse tipo —, Michael Graham, chefe da delegação da Comissão Europeia em Belgrado, protestou, indignado: "Não posso deixar de manifestar minha surpresa e decepção. Não vejo motivo para alguém querer atrasar a entrega de combustível de aquecimento para os cidadãos de Niš e Pirot."⁶ Ele ignorava convenientemente o fato de que a própria UE negava combustível a todas as muitas comunidades sérvias que tinham optado por um voto politicamente incorreto. O governo iugoslavo acabou deixando passarem as cargas.

No fim de 1999, o governo americano proibiu transações de cidadãos americanos com qualquer propriedade ou entidade da RFI (Sérvia e Montenegro) e seus representantes, fosse dentro ou fora do país. Da lista de proscritos faziam parte cerca de mil empresas, bancos e contas de setores como transportes, laboratórios científicos, marinha mercante e indústrias de todos os tipos, além de vários dirigentes governamentais.⁷

Enquanto isso, os legisladores americanos davam todo tipo de estímulo ao separatismo montenegrino. Uma Montenegro independente privaria a Sérvia de saída para o mar. Em meados de setembro de 1999, a jornalista investigativa Diana Johnstone informou que o ex-embaixador americano na Croácia, Peter Galbraith — que quatro anos antes apoiara Tuđman em sua política de limpeza étnica contra dezenas de milhares de famílias de fazendeiros sérvios da região de Krajina —, visitou Montenegro para repreender políticos da oposição por relutarem em mergulhar a Iugoslávia de novo na guerra civil. Essa guerra seria rápida, garantiu ele, e serviria para "resolver todos os seus problemas".⁸

Montenegro, a única parceria com a qual a Sérvia ainda podia contar na RFI, estava em permanente desacordo com Belgrado desde que o pró-ocidental Milo Đukanović chegou à presidência em 1997. A liderança montenegrina ameaçou declarar independência se Milošević não concedesse autonomia ainda maior dentro da federação.⁹ A república de Montenegro baixou uma lei reivindicando a propriedade dos aeroportos de Podgorica e Tivat, que pertenciam ao Estado federal iugoslavo. A iniciativa poderia ser comparada a uma tentativa do estado de Nova York de reivindicar a propriedade do Aeroporto John Fitzgerald Kennedy, ou da província de Ontário de declarar que o aeroporto de Toronto seria seu, e não do Canadá. Em resposta, militares iugoslavos retomaram o controle de pelo menos um dos aeroportos.¹⁰

Acaso será em Montenegro a próxima guerra balcânica? O *US News and World Report* apurou que em outubro de 1999 o general Wesley

Clark, do alto comando da OTAN, pediu autorização a seus chefes no Pentágono para começar a planejar uma possível ação militar na menor das repúblicas da Iugoslávia. Clark se mostrava preocupado com a eventualidade de o presidente Milošević, alarmado com a perspectiva da independência de Montenegro, ordenar uma intervenção militar.[11] Se a RFI de fato ousasse defender o que restava de sua soberania e resistir à campanha de desestabilização e desmembramento da OTAN, os valentões da organização mais uma vez intensificariam seus esforços.

Quaisquer que fossem as novas guerras em preparação, as antigas ainda não tinham cessado. Em fevereiro e março de 2000, combatentes de etnia albanesa, alguns identificados como membros do ELK, começaram a cruzar a fronteira de Kosovo para o sul da Sérvia. Usavam uniformes muito semelhantes ao do ELK, oficialmente extinto, com a diferença de que nos distintivos de ombro se podia ler "Exército de Libertação de Preševo, Bujanovac e Medveđa", referência às três pequenas cidades da Sérvia imediatamente a leste da fronteira de Kosovo, cujas populações eram constituídas em cerca de 80% de albaneses. A RFI temia que elas quisessem fazer secessão para se juntar a Kosovo. "Funcionários ocidentais e habitantes de etnia albanesa concordam em que a preocupação de Belgrado não é injustificada", informava o *Washington Post*. "Contrabandistas começaram a levar quantidades consideráveis de armas para as três cidades de Kosovo seis meses atrás, informam essas fontes, e desde então combatentes têm entrado regularmente."[12]

Os acontecimentos na fronteira pareciam ser uma repetição do próprio conflito em Kosovo. Rebeldes bombardearam delegacias de polícia e prédios públicos em Preševo, Bujanovac e Medveđa. Policiais eram mortos ou feridos em tiroteios. A polícia e unidades das forças especiais da Iugoslávia efetuavam buscas agressivas de rebeldes albaneses. Houve relatos de maus-tratos de suspeitos por parte dos sérvios. E as forças ocidentais começaram a se preparar para o momento em que pudessem ser "obrigadas" a intervir. O *Washington Post* citou um "diplomata ocidental": "Se se agravarem os relatos sobre abusos, as tropas americanas e aliadas estacionadas em Kosovo talvez sejam pressionadas a intervir."[13]

Outra estratégia estudada consiste em transferir para a Hungria o controle da província setentrional sérvia da Voivodina. Com sua rica estrutura agrícola, a Voivodina é considerada o celeiro da Sérvia. Ela também abriga várias nacionalidades, inclusive centenas de milhares de descendentes de húngaros, que em sua maioria não dão qualquer sinal de querer a separação e que são mais bem tratados que as minorias húngaras da Romênia e da Eslováquia, mais numerosas.[14] Ainda assim, a imprensa húngara fala das "formas de opressão" sofridas pelos habitantes de etnia húngara da Voivodina. Já em julho de 1991, quando a crise fermentava na Eslovênia e na Croácia, o primeiro-ministro da Hungria revelou seu apetite irredentista, declarando que os tratados internacionais que estabeleciam a fronteira meridional da Hungria com a Sérvia, e particularmente com a Voivodina em 1920, tinham sido firmados apenas com a Iugoslávia. "Nós demos a Voivodina à Iugoslávia. Se não houver mais Iugoslávia, devemos recuperá-la."[15]

Um método comprovado de desestabilização é o assassinato político. No dia 7 de fevereiro de 2000, o ministro iugoslavo da Defesa, Pavle Bulatović, foi abatido a tiros num restaurante de Belgrado. Bulatović era um dos dirigentes do Partido Socialista Popular de Montenegro, que quer a permanência de Montenegro na Iugoslávia. O assassinato representava uma ameaça aos montenegrinos contrários à secessão. Entre 1997 e o início de 2000, pelo menos doze funcionários iugoslavos foram assassinados — em sua maioria membros da Esquerda Unida Iugoslava ou do Partido Socialista Sérvio —, numa aparente tentativa coordenada de derrubar o governo iugoslavo. Quatro meses antes do assassinato de Bulatović, o ministro da Informação iugoslavo, Goran Matić, advertira que "atos subversivos e terroristas estão sendo planejados no exterior para desestabilizar o sistema político e econômico do país", e que a política de Washington consistiria "cada vez mais em recorrer a atividades destrutivas e ilegais", com a intervenção de "uma rede já estabelecida de agentes secretos".[16]

Os veículos de imprensa americanos nem uma vez sequer contemplaram a possibilidade de que os assassinatos na Iugoslávia fossem orquestrados pelo Ocidente. Pelo contrário, davam a entender que as vítimas estavam envolvidas em atividades criminosas ou que o próprio governo de Milošević de repente resolvera começar a assassinar seus leais partidários.

O assassinato de Bulatović coincidiu com iniciativas mais declaradamente belicosas dos Estados Unidos em relação à Europa Oriental e à antiga URSS. Um golpe favorável à OTAN foi dado contra o parlamento democraticamente eleito da Ucrânia, com maioria de esquerda, para instaurar no país o que viria a se revelar uma ditadura presidencial pró-capitalista. Enquanto isso, o Departamento de Estado reafirmava abertamente seu apoio às forças antigovernamentais na antiga república soviética da Bielorrússia, ainda por reconstruir. O Pentágono (a) continuava bombardeando o Iraque semanalmente, (b) retomou seu chamado programa "Guerra nas Estrelas" de mísseis balísticos espaciais e (c) anunciou planos de exercícios militares da OTAN na Ucrânia, na Bulgária e na Estônia.[17]

Um problema para os países da OTAN é que os sérvios continuam se recusando a ceder. Apesar do financiamento externo e dos protestos que promovem contra o governo, os partidos da "oposição democrática" que formam a coalizão Zajedno ("Juntos") conseguiram apenas 22 dos 138 assentos nas eleições para o parlamento iugoslavo em 1996, frente à clara maioria de 84 assentos conquistados pela coalizão de Milošević, liderada pelos socialistas. As manifestações de apoio ao governo em geral são duas a três vezes maiores que as orquestradas pela Zajedno. Até o *Wall Street Journal* reconheceu que as eleições evidenciaram que Milošević era mais popular que todos os candidatos da oposição juntos.[18]

"A maioria dos observadores reconhece", escreve Lituchy, "que os dirigentes da Zajedno jamais terão apoio político, credibilidade ou mesmo capacidade de formar um governo. Porém, eles são capazes de mergulhar o país no caos, e parece que este no momento é o seu maior objetivo."[19] Um dirigente da Zajedno admite em declarações ao *New York Times* que "o poder não pode ser conquistado por eleições, mas apenas por revoltas, greves [e] violência", acrescentando que o verdadeiro objetivo das manifestações de protesto era "reformar a economia e empurrar a Iugoslávia para a Europa Ocidental".[20]

Ainda no inverno de 2000, os iugoslavos tentavam sobreviver como podiam, apesar das enormes dificuldades. A eletricidade era racionada, com blecautes rotativos. Pontes eram reconstruídas (mas não sobre o Danúbio) e uma fábrica de automóveis tinha retomado a produção. Havia mais combustível no mercado e os preços do pão e da energia elétrica se mantinham estáveis.[21] Era evidente que o governo Milošević não ia entregar o país aos esquemas do livre mercado e estava racionando os suprimentos e mobilizando recursos escassos de maneira equânime, mostrando resultados satisfatórios na gestão da crise. Diana Johnstone informava de Belgrado que "há menos mendigos nas ruas de Belgrado que em qualquer outra cidade da Europa".[22]

Quer a situação melhore, quer não, os dirigentes americanos continuarão a tratar o governo democraticamente eleito da RFI como uma ditadura, por não promover o tipo de governo de livre mercado exigido por eles. Desse modo, a campanha de sabotagem, assassinatos, desestabilização e ataques continuará — a menos que as forças populares nos Estados Unidos e no exterior se mobilizem e tornem esse tipo de agressão politicamente custoso demais.

Só em raras ocasiões algum Estado capitalista ajudou a população de outros Estados, especificamente quando o bem-estar dessas populações representa um fator-chave na luta contra outro inimigo poderoso. Assim foi que, no início do pós-guerra, dirigentes americanos estabeleceram o Plano Marshall e aceitaram relutantemente reformas que beneficiavam as classes trabalhadoras na Europa Ocidental. E o fizeram por causa da competição com a União Soviética na Guerra Fria e da força dos partidos comunistas nos países europeus ocidentais.[23] Mas hoje não existe uma alternativa concorrente, e, assim, o bem-estar do povo iugoslavo não é levado em conta, senão para ser descartado.

David North aponta "uma óbvia e inegável ligação entre o colapso da União Soviética e a arrogância e brutalidade com que os Estados Unidos perseguiram seus objetivos internacionais na década de 1990". Muitos na elite governante americana "se convenceram de que a ausência de um oponente internacional de peso, capaz de resistir aos Estados Unidos, representa uma oportunidade historicamente inédita de estabelecer, pelo uso da força militar, uma posição incontestável de domínio global". Antes, o sonho de uma hegemonia americana global, de um "século americano", se viu frustrado pelas limitações impostas por uma superpotência concorrente. Mas hoje os legisladores em Washington e em institutos acadêmicos de todo o país sustentam que a esmagadora e irrefutável superioridade militar vai assentar a dominação americana global e "remover todas as barreiras à reorganização da economia mundial com base nos princípios do mercado, tal como interpretados e dominados pelas corporações transnacionais americanas".[24]

Deixei a Iugoslávia em agosto de 1999 em uma *van* que viajou a noite inteira até Budapeste. Estava acompanhado de um *yuppie* sérvio: um jovem corretor de valores que trabalhava por computador para a Bolsa de Nova York. Ele era de opinião que Milošević não era um criminoso de guerra, mas ainda assim devia se entregar ao Tribunal Penal Internacional, para que o resto do país tivesse alguma paz (como se a cabeça de Milošević fosse capaz de fazer com que os líderes ocidentais deixassem a Iugoslávia em paz). Contou-me que Belgrado era uma cidade maravilhosa para se viver, com mulheres lindas e preços baixos. Sua confortável renda valia o dobro na cidade, em depressão econômica. Seus comentários me lembraram que os tempos difíceis não são difíceis para todo mundo, especialmente os que têm dinheiro.

A *van* fez outra parada em Belgrado, para que entrasse uma jovem atraente, mas de aparência triste. Depois de acomodada, ela começou a chorar, contando-nos que ia para a Espanha por um período longo e indefinido, deixando sua casa e a família por causa das enormes dificuldades na Iugoslávia. A guerra maltrata os mais diferentes tipos de pessoas, que nunca são incluídas no balanço final de vítimas. Não demorou e o corretor, todo simpático, começou a dar em cima dela, como se cercasse uma presa. E mais uma vez fui lembrado de que tempos difíceis para a maioria podem representar novas oportunidades para uns poucos privilegiados.

LINHA DO TEMPO DOS TERRITÓRIOS DA IUGOSLÁVIA

Lúcio Geller Junior

Séc. VI   Fluxos migratórios e presença dos povos eslavos nos Bálcãs.

Séc. VIII   Formação das Marcas Croatas da Dalmácia e da Panônia dentro do Reino Franco.*

Séc. IX   Formação da Marca Eslovena da Caríntia dentro do Reino Franco.

               Unificação das comunidades eslavas do Império Bizantino sob o nome Sérvia (movimentos nacionalistas reivindicariam esse processo como um dos mitos fundadores da "Grande Sérvia" no século XIX).

Séc. X   Fundação do Reino da Croácia (reclamada pelos movimentos nacionalistas como um dos mitos fundadores da "Grande Croácia" no século XIX).

               Caríntia é elevada a Ducado.**

---

*   A Marca (grafada com a primeira letra maiúscula para diferenciar a *instituição* da *região*, da mesma forma que "Estado" e "estado", respectivamente) é uma entidade política delimitada governada por um marquês.
** O Ducado segue a mesma lógica da Marca e é governado por um duque.

1018	Região da atual Bósnia-Herzegovina deixa de fazer parte das comunidades eslavas e retorna ao Império Bizantino.
1102	Após uma crise sucessória, o Reino da Croácia é governado por monarcas do Reino da Hungria até 1527, quando passa para a Casa da Áustria.
1136	Fundação do Banato da Bósnia, que deixa o Império Bizantino e passa a ser vassalo do Reino Húngaro.***
1217 — 1346	Criação do Reino da Sérvia, com a coroação de Estêvão I, seguida de sua expansão territorial até o Peloponeso, formando assim o Império da Sérvia.
1377	Banato da Bósnia é elevado a Reino autônomo.
1379	Domínio do Ducado da Caríntia pela Casa da Áustria.
1389	Início da expansão dos Otomanos pela Península dos Bálcãs, a partir da vitória na Batalha do Kosovo sobre uma coligação de Estados balcânicos.
1459	Incorporação da Sérvia pelo Império Otomano.
1463	Incorporação da Bósnia pelo Império Otomano, que enfrenta forte resistência na região mais ao sul, conhecida como Herzegovina.
1526 — 1788	Período de conflitos nos Bálcãs entre o Império Otomano e o Sacro Império Romano-Germânico, sobretudo no território da Casa da Áustria, que governava os Reinos da Boemia, da Hungria e da Croácia.

*** O Banato é uma entidade política delimitada, da mesma forma que uma Marca e um Ducado; nele, quem exerce o poder é o *ban*, que designa um título nobiliárquico comum na Europa Central.

LINHA DO TEMPO DOS TERRITÓRIOS DA IUGOSLÁVIA

1804 — 1813   Primeira Revolta da Sérvia. Liderada por Jorge Petrović contra o domínio dos otomanos, eclodiu após o assassinato de lideranças locais.

1815   Início da Segunda Revolta da Sérvia. Liderada por Miloš Obrenović, culminou na criação do Principado da Sérvia.

1817   Com o apoio do Império Russo, o Principado da Sérvia adquire sua independência do Império Otomano.

1831 — 1832   Eclosão do Levante Bósnio, liderado por Husein Gradaščević, contra o domínio otomano após um processo de reformas administrativas.

1835   Surgimento do Movimento Ilírico na Croácia. O grupo defendia a unificação das terras croatas a partir da coesão étnica e linguística.

1844   Surgimento do Movimento da "Grande Sérvia", que prometia unificar os sérvios, expandir suas terras e se contrapor aos austríacos e otomanos.

1848   Surgimento do Romantismo Esloveno em defesa da unificação de seus territórios com base em aspectos étnicos e linguísticos.

Formação da Província Autônoma da Voivodina pelos sérvios que viviam dentro dos territórios austríacos.

1867   Formação do Império Austro-Húngaro, o que resulta na divisão da administração dos territórios do Reino da Croácia, assim como das terras eslovenas da Caríntia, entre as coroas austríaca e húngara.

1875   Eclosão do Levante da Herzegovina após mais uma reforma administrativa dos otomanos na Bósnia.

1878	Assinatura do Tratado de Berlim, que reconhece a independência da Sérvia, a divisão da Macedônia entre búlgaros e otomanos e a criação do Protetorado da Bósnia, sob comando austríaco, em território otomano.
c. 1907	Surgimento do termo "Iugoslávia" entre os movimentos nacionalistas croatas, sérvios e eslovenos com um sentido de união dos povos eslavos ao sul do Rio Danúbio.
1908	Anexação da Bósnia pelo Império Austro-Húngaro, sob protestos do Império Otomano, do Império Russo e da Sérvia, com o objetivo de impedir o crescimento de movimentos nacionalistas na região.
1912	Formação da Liga Balcânica. Composta por Bulgária, Grécia, Montenegro e Sérvia, objetivava conquistar territórios que ainda estavam sob domínio otomano, como a Macedônia (Primeira Guerra Balcânica).
1913	A Bulgária sai da Liga Balcânica e entra em conflito com os antigos aliados pela divisão dos territórios conquistados do Império Otomano durante a Primeira Guerra Balcânica (Segunda Guerra Balcânica).
1914	Assassinato do herdeiro do trono austro-húngaro, o arquiduque Francisco Ferdinando, por um nacionalista sérvio em Sarajevo, capital da Bósnia. O acontecimento serve de pretexto para a declaração de guerra do Império Austro-Húngaro contra a Sérvia, iniciando a Primeira Guerra Mundial.
1915	Líderes eslavos exilados formam o Comitê da Iugoslávia, em Londres. O grupo defendia a unificação da Sérvia com as terras croatas e eslovenas em posse do Império Austro-Húngaro.
1917	Assinatura da Declaração de Corfu, que instituiu o Reino dos Sérvios, Croatas e Eslovenos sob regência da família real sérvia.

LINHA DO TEMPO DOS TERRITÓRIOS DA IUGOSLÁVIA

1918	Reconhecimento internacional do Reino dos Sérvios, Croatas e Eslovenos (incorporando também bósnios, montenegrinos e macedônios) ao final da Primeira Guerra Mundial.
1919	Fundação do Partido Comunista da Iugoslávia (PCI).
1921	Promulgação da primeira constituição do Reino dos Sérvios, Croatas e Eslovenos.
1929	Surgimento do movimento fascista croata Ustashe, reivindicando a independência da Croácia.
	Golpe de Estado de Alexandre I, implantação de um regime autoritário e transformação do país em Reino da Iugoslávia.
1931	Aliança entre a Ustashe e a Organização Revolucionária Interna da Macedônia (ORIN), que reivindicava a independência desse país.
1934	Assassinato de Alexandre I pela ORIN.
1939	Assinatura do Acordo de Cvetković–Maček, que divide a Bósnia entre a Sérvia e a Croácia no Reino da Iugoslávia.
1941	Assinatura do acordo para a Iugoslávia entrar na Segunda Guerra Mundial ao lado do Eixo pelo regente Paulo, logo derrubado por uma revolta que alçou Pedro II ao poder; este, por sua vez, assinou um acordo de não agressão com a União Soviética.
	Invasão da Iugoslávia por tropas alemãs, húngaras e italianas que estabelecem o Estado Independente da Croácia, governado pela Ustashe; os invasores colocam a Sérvia sob ocupação e dividem os demais territórios.
	Criação do campo de extermínio nazista de Jasenovac na Croácia.

1943	Levante armado contra Alemanha e Itália e guerra civil entre os movimentos de libertação nacional, liderados pelo comunista croata Josip Broz Tito, e as forças locais alinhadas ao Eixo.
	Estabelecimento da República Popular Federal da Iugoslávia pelo Comitê dos Movimentos de Libertação Nacional.
1944	Entrada do Exército Vermelho da União Soviética na Iugoslávia e reconhecimento da liderança de Tito pelos governos dos países aliados.
1945	Pedro II é deposto pela Assembleia Constituinte da Iugoslávia.
	Assinatura do Tratado de Amizade e Colaboração entre Iugoslávia e União Soviética.
1946	A nova constituição é promulgada e estabelece seis federações dentro da Iugoslávia (Bósnia-Herzegovina, Croácia, Eslovênia, Macedônia, Montenegro e Sérvia) e duas entidades autônomas (Kosovo e Voivodina). O sistema político é monopartidário (PCI).
1947	Criação do Kominform. Com sede na Iugoslávia, o comitê busca unificar a política dos países do campo soviético.
1948	A Iugoslávia é expulsa do Kominform por não ceder em sua autonomia.
1952	Assinatura do Pacto Balcânico entre Iugoslávia, Grécia e Turquia contra a expansão soviética.
	Transformação do PCI em Liga dos Comunistas Iugoslavos (LCI).
1961	A I Conferência dos Países Não Alinhados ocorre na Iugoslávia. O grupo busca uma terceira via (ou terceiro-mundista) nas relações internacionais.

1970 — 1971 Eclosão da Primavera Croata, série de protestos por maior autonomia das federações da Iugoslávia.

1974 Promulgação de uma nova constituição que dá maior autonomia às federações.

1980 A morte de Tito abre uma crise de sucessão.

Início da crise econômica disparada pelo aumento dos preços de importação dos derivados de petróleo.

1986 Slobodan Milošević assume a liderança da seção sérvia da LCI.

1987 Início das greves de trabalhadores de fábricas e mineradores contra as medidas adotadas pelo governo diante da crise econômica.

1989 Milošević assume a presidência da Sérvia e revoga a constituição de 1974, de modo que Kosovo e Voivodina perdem autonomia.

1990 O 14º Congresso da LCI termina com a dissolução da entidade e o abandono do regime de partido único.

A seção sérvia da LCI adota o nome de Partido Socialista da Sérvia (PSS), sob a liderança de Milošević.

Realização de eleições multipartidárias em todas as federações.

O partido União Democrática Croata (HDZ) vence na Croácia, alçando Franjo Tuđman à presidência.

Na Eslovênia, Milan Kućan (herdeiro da seção eslovena da LCI, com quem rompe logo em seguida) é eleito presidente.

Na Macedônia, o comunista Kiro Gligorov (herdeiro da seção macedônia da LCI) é eleito presidente.

O Partido da Ação Democrática vence na Bósnia-Herzegovina e elege Alija Izetbegović presidente.

Em Montenegro, o comunista Momir Bulatović (herdeiro da seção montenegrina da LCI) é eleito presidente.

Na Sérvia, Milošević é eleito presidente pelo PSS.

1991   A Croácia se declara independente da Iugoslávia, que não a reconhece.

Com apoio do exército federal, grupos de sérvios resistem à independência na Croácia, especialmente no autoproclamado Distrito Sérvio de Krajina, desencadeando um conflito armado.

As Nações Unidas enviam forças de paz para a Croácia.

Declaração de independência da Eslovênia, que entra em conflito com a Iugoslávia pelo seu reconhecimento (Guerra dos Dez Dias).

Declaração de independência da comunidade croata da Herzeg-Bósnia com o apoio da Croácia e a oposição da Bósnia-Herzegovina.

1992   Bósnia-Herzegovina se declara independente da Iugoslávia, abrindo outra frente de batalha ao lado da Croácia. Essa frente se fragmenta devido aos conflitos entre as populações bósnias, croatas e sérvias da região.

Começo do cerco de Sarajevo. Confronto entre as forças da Iugoslávia e da Bósnia-Herzegovina, que contará com o apoio da OTAN em 1995.

Em Srebrenica, no leste da Bósnia-Herzegovina, começam os primeiros conflitos entre sérvios bósnios e bósnios muçulmanos.

Início da guerra entre Croácia e Bósnia-Herzegovina pela independência da Herzeg-Bósnia.

Declaração de independência da Macedônia, que passa a abrigar tropas da OTAN em seu território.

Criação da República Federal da Iugoslávia, composta por Sérvia e Montenegro e governada por Milošević.

Pacote de sanções é aplicado contra Sérvia e Montenegro pelo Conselho de Segurança das Nações Unidas.

1993   Criação do Tribunal Penal Internacional para a Antiga Iugoslávia (ICTY) pelo Conselho de Segurança das Nações Unidas para apurar crimes cometidos durante as guerras de dissolução da Iugoslávia.

1995   As Nações Unidas retiram suas forças de paz da Croácia e a população sérvia começa a ser expulsa do país pelos croatas.

Ofensiva contra os sérvios na Bósnia-Herzegovina com apoio tático da OTAN, que lança uma campanha de bombardeios aéreos.

Assassinato de civis muçulmanos bósnios em Srebrenica.

A assinatura dos Acordos de Dayton coloca fim nos conflitos entre bósnios, croatas e sérvios e transforma a Bósnia-Herzegovina em uma confederação formada pela Republika Srpska (República Sérvia) e pela Federação Muçulmano-Croata da Bósnia.

1996   Fim do cerco de Sarajevo.

Surgimento do Exército de Libertação do Kosovo (ELK).

1998   Início da Guerra do Kosovo entre as forças iugoslavas e o ELK, que reclamava a independência da região da Sérvia.

1999   Fracassa a Conferência de Rambouillet (França) para tratar da paz no Kosovo.

Autorização do Conselho de Segurança das Nações Unidas para a presença civil e militar internacional no Kosovo (Resolução 1244) – como a da Força para o Kosovo (KFOR), liderada pela OTAN.

A OTAN lança uma ofensiva de bombardeios aéreos contra a Iugoslávia sem consultar o Conselho de Segurança das Nações Unidas, destruindo instalações militares, infraestrutura civil e zonas residenciais.

Retirada dos exércitos do Kosovo, que continuaria com a Iugoslávia.

2000   Vitória do oposicionista Vojislav Koštunica sobre Milošević nas eleições presidenciais; Milošević não reconhece o resultado.

Protestos contrários ao governo de Milošević (Revolução do Trator) e reconhecimento da vitória de Koštunica pelo Parlamento Sérvio.

2001   Milošević é preso por autoridades federais da Iugoslávia e transferido para Haia para ser julgado pelo ICTY.

2002   A Iugoslávia passa a se chamar República da Sérvia e Montenegro.

2006   Milošević é encontrado morto em sua cela na prisão; seu julgamento pelo ICTY fica inconcluso.

Separação da Sérvia e de Montenegro, que se tornam países independentes através de um plebiscito.

2007   ICTY sentencia que os países da antiga República Federal da Iugoslávia não foram responsáveis pela prática de genocídio, mas descumpriram a Convenção para a Prevenção e Repressão do Crime de Genocídio, de 1948.

2008   Declaração de independência do Kosovo. Os países se dividem entre reconhecê-la – Albânia, Alemanha, Áustria, Croácia, Eslovênia, Estados Unidos, França, Macedônia, Reino Unido e Turquia, entre outros – e não reconhecê-la – Argentina, Armênia, Bósnia-Herzegovina, Brasil, China, Espanha, Grécia, Índia, Rússia e Sérvia, entre outros.

LÚCIO GELLER JUNIOR é historiador. Graduado e Mestre em História pela Universidade Federal do Rio Grande do Sul (UFRGS), foi editor-chefe da Revista Aedos do Programa de Pós-Graduação em História da UFRGS. Estuda e escreve sobre a história dos países do Leste Europeu e das ex-repúblicas da União Soviética, migrações contemporâneas, memória e usos do passado soviético e extrema direita.

NOTAS

1 Humanitarismo hipócrita

1. Para um relato mais completo do envolvimento dos EUA na repressão no Terceiro Mundo, ver meu livro *Against Empire* (San Francisco: City Lights, 1995).
2. Kevin McKieman, "Turkey's War on the Kurds", *Bulletin of the Atomic Scientists*, março/abril de 1999, pp. 26-37.
3. *Ibid.*, p. 29.
4. Joan Phillips, "Bloody Liberals", *Living Marxism*, setembro de 1993, 20.
5. *Ibid.*, p. 20.
6. Sobre a mentira que é tratar o domínio sérvio em Kosovo como equivalente moral do genocídio nazista contra os judeus, ver o excelente artigo de John Rosenthal, "Kosovo and 'the jewish question'", *Monthly Review*, fevereiro de 2000, pp. 24-42.
7. David North, "After the Slaughter: Political Lessons of the Balkan War", site World Socialist *www.wsws.org*, 14 de junho de 1999.
8. *Ibid.*

2 Terceiro-mundização

1. R. K. Kent, "An Open Letter to the Ten Members of the Foreign Relations Committee for Europe", Senado dos EUA, 12 de agosto de 1999, cópia inédita.
2. Misha Glenny, *The Fall of Yugoslavia* (Londres/Nova York: Penguin Books, 1992), p. 42.
3. A dívida externa iugoslava, que era de dois bilhões de dólares em 1970, chegou a seis bilhões em 1975 e disparou para vinte bilhões em 1980, com o serviço da dívida consumindo cerca de 20% dos ganhos com exportações.

4. Banco Mundial, *Industrial Restructuring Study, Overview*, Washington, DC, junho de 1991.
5. Michel Chossudovsky, "Banking on the Balkans", *THIS*, julho/agosto de 1999, e "Dismantling Former Yugoslavia, Recolonizing Bosnia", *CovertAction Quarterly*, primavera de 1996.
6. É o que lembra Chossudovsky, assim como Susan L. Woodward, *Balkan Tragedy* (Washington, DC: Brookings Institution Press, 1995), pp. 47-81.
7. Chossudovsky, "Banking on the Balkans".
8. Sean Gervasi, "Germany, US and the Yugoslav Crisis", *CovertAction Quarterly*, inverno de 1992-1993, e Chossudovsky, "Dismantling Former Yugoslavia, Recolonizing Bosnia".
9. Reportagem de Fred Gaboury em *People's Weekly World*, 13 de junho de 1999.
10. Anotações da minha viagem à Iugoslávia em agosto de 1999. Ver também o artigo sobre minha estada na Iugoslávia no site, *www.michaelparenti.org*.

3   Dividir para conquistar

1. Joan Phillips, "Breaking the Selective Silence", *Living Marxism*, abril de 1993, p. 10. Na verdade, todos os livros que tratam da crise nos Bálcãs minimizam ou ignoram completamente o papel desempenhado pelo Ocidente no separatismo. Uma exceção que vale a pena consultar é o livro de Woodward, *Balkan Tragedy*.
2. Glenny, *The Fall of Yugoslavia*, pp. 19, 24.
3. Peter Gowan, "The NATO Powers and the Balkan Tragedy", *New Left Review*, nº 234, março/abril de 1999, p. 94.
4. Gervasi, "Germany, US and the Yugoslav Crisis", pp. 41-42.
5. Woodward, *Balkan Tragedy*, pp. 111-112.
6. Michael Parenti, "NATO's 'Humanitarian War': Notes of the Aftermath", *Humanist*, março/abril de 2000, p. 14.
7. Gregory Elich, *CovertAction Quarterly*, outono/inverno de 1999 (orelhas).
8. Woodward, *Balkan Tragedy*, pp. 141-142, 173.
9. *Ibid.*, pp. 143-144.

10. Gregory Elich, "The Invasion of Serbian Krajina", *NATO in the Balkans* (Nova York: International Action Center, 1998), pp. 131-132.
11. *Independent*, 6 de agosto de 1995, citado por Sara Flounders, "Bosnia Tragedy: The Unknown Role of the Pentagon", *NATO in the Balkans*, p. 64.
12. Gowan, "The NATO Powers and the Balkan Tragedy", pp. 94-95.
13. Glenny, The Fall of Yugoslavia, p. 124.
14. *Los Angeles Times*, 11 de novembro de 1997.
15. Charles G. Boyd, "Making Peace with the Guilty: The Truth about Bosnia", *Foreign Affairs*, setembro/outubro de 1995.
16. Kent, "An Open Letter to the Ten Members of the Foreign Relations Committee for Europe".
17. Boyd, "Making Peace with the Guilty: The Truth about Bosnia".
18. Diana Johnstone, "To Use a War," *CovertAction Quarterly*, inverno de 1999, p. 51.
19. Robert W. Tucker e David C. Hendrickson, "America and Bosnia", *National Interest*, outono de 1993, pp. 16-17.
20. *Ibid.*, pp. 17-18.
21. Para outras leituras sobre os estratagemas que antecederam os bombardeios da OTAN, ver a coleção de reportagens de Ramsey Clark, Sean Gervasi, Sara Flounders, Barry Lituchy, Nadja Tesich, Michel Choussudovsky e outros *em NATO in the Balkans*.
22. John Mueller e Karl Mueller, "Sanctions of Mass Destruction", *Foreign Affairs*, maio de 1999.
23. Woodward, *Balkan Tragedy*, p. 18.

4 A Eslovênia em relativo descompasso

1. *Economist*, 2 de novembro de 1996 e 31 de julho de 1999; *Time International*, 22 de março de 1999.
2. As duas citações desta frase são do *Economist*, 6 de junho de 1998 e 2 de novembro de 1996 respectivamente.
3. *Wall Street Journal*, 1º de junho de 1998; e *Economist*, 6 de junho de 1998 31 de julho de 1999.
4. *Time International*, 22 de março de 1999.

5. *Christian Science Monitor*, 11 de junho de 1999.
6. Observações do especialista nos Bálcãs Barry Lituchy em conversa comigo, 13 de janeiro de 2000.

5   Croácia: nova república, velhos reacionários

1. Dorothea Razumovsky, "God Willing!", *em* Klaus Bittermann (ed.), *Serbia Must Die: Truth and Lies in the Yugoslav Civil War* (Berlim: Tiamat, 1994), pp. 85-86. Depois da guerra, o governo iugoslavo acusou o cardeal Stepinac de ter sido ativo colaborador dos nazistas. Na imprensa americana, naturalmente, era louvado como vítima inocente da opressão comunista. O papa João Paulo II beatificou Stepinac depois de morto, e atualmente ele é candidato a santo.
2. Para um relato completo dos horrores das contribuições dos fascistas croatas ao Holocausto, ver Edmond Paris, *Genocide in Satellite Croatia, 1941-1945* (Chicago: AIBA, 1961), 9. Nesse período, cerca de duzentos mil cristãos sérvios ortodoxos foram forçados a se converter ao catolicismo romano. Alguns estudiosos dos romas calculam em até cem mil o número de romas vitimados na Croácia e imediações.
3. *Ibid.*, p. 259.
4. Jasenovac Research Institute, comunicado de imprensa nº 4: Anúncio de processo judicial contra o Banco do Vaticano *et al.*, 3 de fevereiro de 2000.
5. Paris, *Genocide in Satellite Croatia, 1941-1945*, pp. 259-261, *passim*; também Alfred Lipson, "The Roots of Ethnic Violence and Civil War in Yugoslavia", *Together*, dezembro de 1991.
6. *Financial Times* (Londres), 15 de abril de 1993; Yigal Chazan, "Serbian Women Gang-Raped by Their Croat Neighbours", *Guardian* (Londres), 17 de agosto de 1992; Raymond Bonner, "War Crimes Panel Finds Croat Troops 'Cleansed' the Serbs", *New York Times*, 21 de março de 1999.
7. Raymond Bonner, *New York Times*, 3 de março de 1999 e "War Crimes Panel".
8. *New York Times*, 31 de outubro de 1993.
9. Slavenka Drakulic, "Croatia Puts Itself on Trial", *New York Times*, 16 de março de 1999, *Op-ed*; Peter Brock, "Dateline Yugoslavia: The Partisan Press", *em* Bittermann (ed.), *Serbia Must Die*, 24; Paris, *Genocide in Satellite Croatia, 1941-1945*, *passim*.

10. Elich, "The Invasion of Serbian Krajina", 135.
11. *New York Times*, 31 de outubro de 1993.
12. *Ibid*.
13. *Times* (Londres), 11 de abril de 1995, citado por Elich, "The Invasion of Serbian Krajina", 136.
14. Drakulic, "Croatia Puts Itself on Trial".
15. Bonner, *New York Times*, 3 de março de 1999.
16. Woodward, *Balkan Tragedy*, p. 231.
17. Milton R. Copulos, "Yugoslavia, Context of a Crisis", Special Report of the National Defense Council Foundation (Alexandria, VA), janeiro de 1992; Copulos, "Fears of Anti-Semitism as Croatian Nationalists increase their Influence", *Jerusalem Post*, 30 de dezembro de 1990; Glenny, *The Fall of Yugoslavia*, p. 14.
18. Bonner, *New York Times*, 3 de março de 1999.
19. *New York Times*, 12 de dezembro de 1999.
20. *New York Times*, 12 de dezembro de 1999 e 3 de março de 1999.
21. Alice Mahon, "Report on the Conditions of Serbs in Croatia", *www.emperors-clothes.com*, publicado em 21 de dezembro de 1999.
22. Michel Chossudovsky, "Banking on the Balkans".
23. *Los Angeles Times*, 4 de janeiro de 2000.

6   Bósnia: novas colônias

1. Ver David Chandler, *Faking Democracy after Dayton* (Londres: Pluto Press, 1999).
2. Certamente havia muitos muçulmanos, ao lado de croatas e outros, que se opunham ao domínio nazista. Mas foram os sérvios a coluna dorsal da resistência iugoslava, empreendendo uma das campanhas de *partisans* antifascistas mais ativas e bem-sucedidas da Europa na época da guerra. Ao se verem tratados como um povo de párias destinado aos campos da morte, sérvios das mais diferentes convicções políticas, assim como os judeus, resistiram ao domínio fascista por uma questão de sobrevivência. Todavia, unidades sérvias conservadoras e monarquistas, conhecidas como chetniks, embora inicialmente resistissem à ocupação nazista, passaram a assassinar civis

comunistas e muçulmanos e mesmo a colaborar ativamente com os nazistas e os fascistas italianos, contra os *partisans* comunistas de Tito. (Correspondência enviada a mim por Gregory Elich, 3 de abril de 2000.)

3. Joan Phillips, "The Other Bosnian War", *Living Marxism*, janeiro de 1995, pp. 24-27; correspondência de Gregory Elich comigo, 3 de abril de 2000.

4. Roger Cohen, *Hearts Grow Brutal* (Nova York: Random House, 1998), p. 148.

5. Alija Izetbegović, *Islam Between East and West*, 3ª ed. (Plainfield: American Trust Publications, 1993); Diana Johnstone, "Alija Izetbegović: Islamic Hero of the Western World", *CovertAction Quarterly*, inverno de 1999, pp. 58-61.

6. Johnstone, "To Use a War", p. 57. A pretensão de Izetbegović de controlar os meios de comunicação de fato incomoda Roger Cohen, mas não o suficiente, ao que parece, para que o candidato a teocrata incorresse em algum julgamento negativo.

7. Richard Holbrooke, *To End a War* (Nova York: Modern Library, 1998), p. 97.

8. *Ibid.*, p. 154.

9. Johnstone, "To Use a War", pp. 53-54. Milošević vivia sob ameaça. Em recente entrevista ao canal de televisão PBS, Holbrooke declarou que o ameaçou com bombardeios da OTAN se ele não aceitasse os termos apresentados pelos EUA em Dayton.

10. Michel Chossudovsky, *The Globalization of Poverty* (Londres: Global Research, 1997), pp. 244-256.

11. James Cairns, "Meanwhile in Bosnia", *Christian Century*, 14 de julho de 1999, pp. 702 *et seq.*; *Lancet*, 18 de dezembro de 1999.

12. *Dnevi Avaz* (Sarajevo), 7 de outubro de 1997, citado em Gregory Elich, "Bringing Democracy to Bosnia-Herzegovina", *CovertAction Quarterly*, primavera de 2000.

13. "US Threatens Aid Cut", UPI, 9 de novembro de 1998.

14. Adam Zagorin, "More Losses in Bosnia; This Time It's Aid", *Time*, 20 de setembro de 1999, p. 18.

15. *New York Times*, 31 de outubro de 1999.

16. Andeja Živković, "Building Peace in the Balkans," *Le Monde Diplomatique*, julho de 1999.

7 Republika Srpska: democracia à moda OTAN

1. Elich, "Bringing Democracy to Bosnia-Herzegovina".
2. *Ibid.*
3. *Ibid.*
4. *Ibid.*
5. *Ibid.* (itálicos meus); também Colin Soloway, "NATO Forces Seize Police Stations in Bosnian City", *Washington Post*, 21 de agosto de 1997.
6. Elich, "Bringing Democracy to Bosnia-Herzegovina".
7. *New York Times*, 10 de outubro de 1997.
8. Brooke Shelby Biggs, *San Francisco Bay Guardian*, 5 de maio de 1999.
9. Johnstone, "To Use a War", p. 54.
10. *New York Times*, 6 de março de 1999.
11. Elich, "Bringing Democracy to Bosnia-Herzegovina"; Michael Kelly, "The Clinton Doctrine is a Fraud, and Kosovo Proves It", *Boston Globe*, julho de 1999.
12. Elich, "Bringing Democracy to Bosnia-Herzegovina".
13. Os relatos sobre as mortes de Kovačević, Drljača e Gagović são de Elich, "Bringing Democracy to Bosnia-Herzegovina"; e correspondência de Elich comigo, 5 de janeiro de 2000.
14. "Bosnia's Serbs", *Economist*, 13 de março de 1999, p. 61.
15. *New York Times*, 6 de março de 1999.
16. Elich, "Bringing Democracy to Bosnia-Herzegovina".

8 As outras atrocidades

1. Phillips, "Breaking the Selective Silence", p. 10.
2. Bill Mandel, "Spin Doctors at Work in Bosnia War", *San Francisco Examiner*, 14 de agosto de 1992.
3. Yigal Chazan, "Serbian Women Gang-Raped by their Croat Neighbours".
4. Peter Brock, "Dateline Yugoslavia: The Partisan Press", *em* Bittermann (ed.), *Serbia Must Die*, p. 19.
5. Dorothea Razumovsky, "God Willing!", p. 91; e Brock, "Dateline Yugoslavia: The Partisan Press", pp. 19-20.

6. Phillips, "Breaking the Selective Silence", p. 10.
7. Brock, "Dateline Yugoslavia: The Partisan Press", p. 34.
8. *New York Times*, 7 de agosto de 1993; Barry Lituchy, "Media Deception and the Yugoslav Civil War", *em NATO in the Balkans*, 205; Brock, "Dateline Yugoslavia: The Partisan Press", p. 20.
9. *New York Times* (Internacional), 26 de outubro de 1993.
10. *New York Times* (Internacional), 28 de outubro de 1993.
11. *Ibid.*
12. *New York Times* (Internacional), 4 de novembro de 1993.
13. Julian Borger, "EU Report Accuses Croatia of Atrocities Against Rebel Serbs", *Guardian* (Londres), 30 de setembro de 1995.
14. Barry Lituchy, correspondência, *New York Times*, 2 de agosto de 1996.
15. *New York Times*, 14 de março de 1996.
16. *San Francisco Examiner*, 26 de abril de 1999.
17. Robert Fox em *Daily Telegraph* (Londres), citado *em* Brock, "Dateline Yugoslavia: The Partisan Press", p. 35.
18. Boyd, "Making Peace with the Guilty: The Truth about Bosnia".
19. Brock, "Dateline Yugoslavia: The Partisan Press", pp. 35-36.
20. Zeljko Vukovic, "Potemkin's Sarajevo", *em Serbia Must Die*, pp. 160-161.
21. Brock, "Dateline Yugoslavia: The Partisan Press", p. 36.
22. Sir Michael Rose, *Fighting for Peace* (Londres: Harvill Press, 1998), citado *em Chronicles* Research Team, "The Road to War: The Massacre that Never Was", *em The Kosovo Dossier* (Londres: Lord Byron Foundation for Balkan Studies, 1999), p. 61, nota de rodapé.
23. Para investigações sobre os três incidentes que vão de encontro à versão oficial, ver Leonard Doyle, "Muslims 'Slaughter Their Own People'", *Independent* (Londres), 22 de agosto de 1994; Charles Bremner, "UN Tracks Source of Fatal Shell", *Times* (Londres), 19 de fevereiro de 1994; "Sarajevo Market Mortar Fired from Moslem Camp", Reuters, 18 de fevereiro de 1994; Hugh McManners, "Serbs 'Not Guilty' of Massacre", *Sunday Times* (Londres), 1º de outubro de 1995; David Binder, "Bosnia's Bombers", *Nation*, 2 de outubro de 1995; "Russian UN Officer Disputes Serb Guilt for Market Blast", Agence France-Presse, 2 de setembro de 1995.
24. Observações de Rose relatadas *em* David Owen, *Balkan Odyssey* (Londres: Harvest Books, 1996), pp. 279-280.

25. *Ibid.*, p. 262.
26. "French Troops Say Bosnians May Be Shooting Their Own Civilians", *New York Times*, 1º de agosto de 1995; Andrew Borowiec, "Bosnians Stage Sacrifices, Peacekeeping Officer Alleges", *Washington Times*, 21 de fevereiro de 1995.
27. Mira Beham, "The Media Fan the Flames", *in Serbia Must Die*, pp. 113-115.
28. Os depoimentos deste parágrafo foram extraídos de Beham, "The Media Fan the Flames", pp. 113-115.
29. Comunicado a mim por Barry Lituchy, 10 de abril de 2000.
30. Woodward, *Balkan Tragedy*, p. 235.
31. Christopher Hitchens, *Nation*, 18 de outubro de 1999.
32. Glenny, The Fall of Yugoslavia, p. 136.
33. Tribunal Penal Internacional para a antiga Iugoslávia, "The Indictment. Operation Storm, a Prima Facie Case", citado *em New York Times*, 21 de março de 1999.
34. Raymond Bonner, "War Crimes Panel".
35. Glenny, *The Fall of Yugoslavia*, pp. 101, 124-125. Infelizmente, Glenny não fornece as fontes dos seus relatos sobre atrocidades cometidas pelos sérvios.
36. *Los Angeles Times*, 4 de março de 2000.
37. *USA Today*, 27 de março de 2000.
38. Glenny, The Fall of Yugoslavia, p. 135.
39. Tenente-general Satish Nambiar (Refmd.), "The Fatal Flaw Underlying NATO's Intervention in Yugoslavia", 6 de abril de 1999 de *milya@compuserve.com* a *srpska_kultura@4Cbiz.net*.

9 Demonizando os sérvios

1. Especialmente no caso dos sérvios croatas da Croácia, ver Glenny, *The Fall of Yugoslavia*, p. 13.
2. Sylvia Poggioli, "Scouts Without Compasses: War in the Balkans is Forcing Correspondents to Rewrite their Guidelines", *Nieman Reports*, outono de 1993, p. 19.
3. Obrad Kesic, "The Business of News: The American Media and Coverage of the Wars in the Balkans", *em* Klaus Bittermann (ed.), *Serbia Must Die*, p. 76.

4. "Correction: Report on Rape in Bosnia", *New York Times*, 23 de outubro de 1993.
5. Peter Brock, "Dateline Yugoslavia: The Partisan Press", p. 33.
6. Nora Beloff, "Doubts about Serbian Rapes", carta ao *Daily Telegraph* (Londres), 19 de janeiro de 1993.
7. Brock, "Dateline Yugoslavia: The Partisan Press", p. 33.
8. Comunicado da Agence France-Presse, 2 de fevereiro de 1993; *L'Evénement du Jeudi*, 4 de março de 1993.
9. Associated Press, 30 e 31 de março de 2000.
10. *Daily Mirror* (Londres), 4 de janeiro de 1993; *La Repubblica*, 15 de janeiro de 1993; Michel Collon, "Media Lies About the Serbs: What do They Want to Hide?", *em* Zivota Ivanovic (ed.), *Media Warfare: The Serbs in Focus* (Belgrado: Tanjug 1995), p. 20.
11. Boris Gröndal, "A Ray of Hope in the General Glut of Politics", *em Serbia Must Die*, pp. 164-168.
12. *Newsday*, 2, 3 e 4 de agosto de 1992.
13. Joan Phillips, "Who's Making the News in Bosnia?", *Living Marxism*, maio de 1933, pp. 14-16.
14. *Ibid*.
15. Jacques Merlino, "Inquiry on the 'Bosnian Death Camps'", *em Serbia Must Die*, pp. 149-156.
16. Barry Lituchy, "Media Deception and the Yugoslav Civil War", *em NATO in the Balkans*, pp. 205-206; Thomas Deichmann, "The Picture That Fooled the World", *em NATO in the Balkans*, pp. 165-178.
17. John Ranz, anúncio pago de Survivors of the Buchenwald Concentration Camp, USA, *New York Times*, 29 de abril de 1993.
18. Bill Moyers, "Srebrenica", PBS Special, 17 de janeiro de 2000.
19. Mira Beham, "The Media Fan the Flames", pp. 122-123.
20. Phillips, "Who's Making the News in Bosnia?", p. 14.
21. A entrevista foi publicada originalmente *em* Jacques Merlino, *Les verités Yougoslaves ne sont pas toutes bonnes à dire* (Paris, 1994), e foi traduzida e reproduzida como "The Truth From Yugoslavia Is Not Being Reported Honesdy" *em Serbia Must Die*, pp. 143-156. Também é reproduzida parcialmente *em* Sara Flounders, "Bosnia Tragedy: The Unknown Role of the Pentagon", *em NATO in the Balkans*, pp. 54-56.

22. *O'Dwyer's Washington Report* (Washington, DC), 7 de junho de 1993.
23. George Kenny, "Steering Clear of Balkan Shoals", *Nation*, 8-15 de janeiro de 1996, p. 21.

10   A vez de Kosovo

1. Chris Hedges, "Kosovo's Next Masters?", *Foreign Affairs*, maio/junho de 1999, pp. 26-27; Barry Lituchy, "What is the Vatican Hiding?", Jasenovac Research Institute: *www.jasenovac.org*, maio de 1998.
2. Srdja Trifkovic, "Kosovo Under Tito and His Successors", *em The Kosovo Dossier*, 50.
3. Peter Gowan, "The NATO Powers and the Balkan Tragedy", pp. 89-90.
4. *New York Times*, 1º de novembro de 1987.
5. Trifkovic, "Kosovo Under Tito and His Successors", p. 53.
6. *Ibid.*, p. 52.
7. Woodward, *Balkan Tragedy*, p. 89.
8. "Soldiers of Misfortune", *Wall Street Journal*, 28 de abril de 1999; Gary Wilson, International Action Center: *www.iacenter.org*, citado *em* Sam Smith, "Fun Facts about Our New Allies", *North Coast Xpress*, outono de 1999, p. 26.
9. Agence France-Presse, 23 de fevereiro de 1998, citado *em* Michel Chossudovsky, "Kosovo 'Freedom Fighters' Financed by Organized Crime", *CovertAction Quarterly*, primavera/verão de 1999, p. 20. O nome do ELK em albanês é *Ustria Clirimtare e Kosoves* (UCK).
10. Para uma relação dos albaneses assassinados por separatistas do ELK, ver "Chronology of the KLA's Terrorism: April 1996-February 1998", Beograd.com: *news.beograd.com/english/articles_and_opinion/c/chronology.html.atovo*.
11. Memorando sobre Kosovo e Metohija *in www.yuembusa.org*, 27 de maio de 1998.
12. Para a citação completa desses relatórios de missão, ver Chossudovsky, "Kosovo 'Freedom Fighters' Financed by Organized Crime", p. 20, nota 5.
13. *New York Times*, 12 de maio de 2000; *Guardian Weekly*, 1-7 de julho de 1999.
14. Wayne Madsen, "Mercenaries in Kosovo," *Progressive*, agosto de 1999, p. 29.
15. Gregory Elich, correspondência para mim, 5 de abril de 2000.

16. Hedges, "Kosovo's Next Masters?", p. 27.
17. Madsen, "Mercenaries in Kosovo", p. 29. Para um relato sobre as origens do ELK, inclusive sua facção marxista-leninista-maoísta dos primeiros tempos, ver Christophe Chiclet, "Aux Origines de l'Armée de Libération du Kosovo", *Le Monde Diplomatique*, maio de 1999.
18. *Daily Telegraph* (Londres), 6 de abril de 1999. Hill é citado.
19. Frank Viviano, "KLA Linked to enormous Heroin Trade", *San Francisco Chronicle*, 5 de maio de 1999; Roger Boyes e Eske Wright, "Drug Money Linked to the Kosovo Rebels", *Times* (Londres), 24 de março de 1999; Jerry Seper, "KLA Finances War with Heroin Sales", *Washington Times*, 3 de maio de 1999.
20. James George Jatras, "Clinton's War: Justifications and Reality", em *The Kosovo Dossier*, p. 58.
21. Alfred W. McCoy, *The Politics of Heroin in Southeast Asia* (Nova York: Harper & Row, 1972); Peter Dale Scott e Jonathan Marshall, *Cocaine Politics* (Berkeley: University of California Press, 1991).
22. *New York Times*, 25 de abril de 1998; Gary Wilson, www.iacenter.org.
23. Entre elas, o fuzil Steyr Scout, arma automática alemã de primeira linha que custava US$2.595 por unidade, eleita "arma do ano" pela revista *Guns and Ammo*, março de 1999. Ver também a fotografia da Associated Press em que homens do ELK aparecem carregando essa arma e usando uniformes alemães, *USA Today*, 15 de outubro de 1998; Chossudovsky, "Kosovo 'Freedom Fighters' Financed by Organized Crime", pp. 22-24.
24. Edward Herman, "Bombing à la Mode", *Z Magazine*, dezembro de 1998, p. 45.
25. Para pôr as coisas em perspectiva, é preciso lembrar que mais de cem mil pessoas foram mortas na Guatemala e milhões em Angola e Moçambique em movimentos de contrainsurgência patrocinados pelos EUA, e mais de cem mil na Argélia, na guerra do governo contra insurgentes islâmicos. Mas não surpreende que esses campos de morte em massa não provocassem protestos da Casa Branca nem da mídia hegemônica.
26. Rollie Keith, "Monitor in Kosovo Speaks", *Democrat* (Burnaby, Canadá), maio de 1999.
27. Jatras, "Clinton's War: Justifications and Reality", p. 56.
28. *Ibid.*
29. Em 1989, integrantes do famigerado Batalhão Atlacatl do exército de El Salvador — treinado e mobilizado pelas forças armadas dos EUA — mataram

seis padres jesuítas e duas outras pessoas. Como se constatou por telegramas do Departamento de Estado americano posteriormente revelados, Walker tentou ativamente encobrir a identidade dos assassinos, entre eles o chefe do estado-maior do Exército, René Emilio Ponce, apontado em 1993, pela Comissão da Verdade das Nações Unidas sobre El Salvador, como o funcionário mais graduado por trás do crime. Mark Cook, "William Walker: 'Man With a Mission'", *CovertAction Quarterly*, primavera/verão de 1999, pp. 15-16.

30. Madsen, "Mercenaries in Kosovo", pp. 29-31. Entre as demais empresas privadas envolvidas em negócios mercenários estão DynCorp, Science Application International e BDM International.
31. Don North, "Irony at Racak: Tainted US Diplomat Condemns Massacre", Consortium News.com: *www.consortiumnews.com*; "Walker's Racak Story: The 'Turning Point'", *CovertAction Quarterly*, primavera/verão de 1999, p. 15; "Byelorussian Forensic Experts Say Victims of Racak Shot from Distance", AFP, 23 de fevereiro de 1999; AFP, 17 de março de 1999.
32. "War in Europe, Part 1", *Frontline*, PBS, 22 de fevereiro de 2000.
33. *New York Times*, 28 de abril de 1999.

11 A emboscada de Rambouillet

1. Comentário de Rafael dei Naranco em *El Mundo* (Internacional), 22 de fevereiro de 1999; Diana Johnstone, "Hawks and Eagles: 'Greater NATO' Flies to the Aid of 'Greater Albania'", *CovertAction Quarterly*, primavera/verão de 1999, pp. 6-7.
2. Johnstone, "Hawks and Eagles", p. 8.
3. *Ibid.*; *Interim Agreement for Peace and Self-Government in Kosovo* (the "Rambouillet Agreement"), 23 de fevereiro de 1999 (texto integral reproduzido em *The Kosovo Dossier*).
4. Interim Agreement for Peace and Self-Government in Kosovo.
5. *New York Times*, 8 de julho de 1998.
6. Ronald L. Hatchett, "The Road to War: The Set-Up at Rambouillet", em *The Kosovo Dossier*, p. 67.
7. "Status of Multi-National Military Implementation Force", *Interim Agreement for Peace and Self-Government in Kosovo*, Apêndice B.

8. John Pilger, *em New Statesman*, 17 de maio de 1999.
9. Hatchett, "The Road to War", p. 67.
10. George Kenney, *in Nation*, 14 de junho de 1999.
11. "What Reporters Knew about Kosovo Talks But Didn't Tell", Media Advisory: Fairness and Accuracy in Reporting, 2 de junho de 1999.

12 Os crimes de guerra da OTAN

1. Tom Campbell, "Unconstitutional War", *San Francisco Chronicle*, 30 de março de 1999. O comentário de Pickering é citado nesse mesmo artigo.
2. The War Powers Resolution, 50 USCA Sections 1541-1548.
3. David Herbert Donald, *Lincoln* (Nova York: Simon & Schuster, 1995), pp. 126, 128.
4. *The Progressive Review* nº 361, junho de 1999.
5. Como as diferentes instituições que a apoiam, uma corporação não tem domínio geográfico, poder soberano, eleições nem licença para discordância institucionalizada ou contribuição democrática, como tampouco existência natural baseada em populações humanas.
6. Embaixador canadense James Bissett, Notes for Address to Standing Committee on Foreign Affairs and International Trade (Canadá), 20 de fevereiro de 1999.
7. Madeleine Albright, entrevistada em "War in Europe, Part I", *Frontline*, PBS, 22 de fevereiro de 2000.
8. George Kenney, palestra no Leo Baeck Temple, Los Angeles, 23 de maio de 1999.
9. William Blum, *Rogue State* (Monroe: Common Courage Press, 2000), pp. 82-83.
10. *Boston Globe*, 22 de abril de 1999.
11. Robert Fisk, "Lies and More Darnned Lies", *Le Monde Diplomatique*, agosto de 1999, p. 11.
12. Informe à imprensa em Bruxelas, 17 de maio de 1999, parcialmente reproduzido *em The Kosovo Dossier*, 94; também Blum, *Rogue State*, pp. 80-81.
13. *Independent* (Londres), 7 de fevereiro de 2000.
14. "Spanish Pilots Accuse U.S. and NATO", *Articolo 20*, nº 30, 14 de junho de 1999. Ver *www.geocities.com/CapitolHill/Congress/1611/yugo11.htm*,

encontrado também com o título "The Spanish Pilots of Fighter Planes Admit that NATO Attacks Civilian Targets" e encontrado em Srpska Mreza--Serbian Network: *www.srpskamreza.com/library/facts/spanish-pilots.htm.*

15. Parenti, "NATO'SS 'Humanitarian' War: Notes of the Aftermath", *Humanist*, março/abril de 2000, p. 15.
16. Walter J. Rockler, "War Crimes Law Applies to US Too", Chicago Tribune, 23 de maio de 1999.
17. Martin McLaughlin, "Clinton's Speech on Yugoslavia: Piling Lie upon Lie", World Socialist Web Site: *www.wsws.org/articles/1999/jun1999/warj12_pm.shtml*, 12 de junho de 1999.
18. *Ibid.*
19. *Ibid.*
20. Michael Eisenscher, "NATO War Crimes", meisenscher@igc.org, 19 de novembro de 1999; Michael Mandel, "Meeting with Prosecutor over NATO War Crimes", *mmandel@yorku.ca*, 26 de novembro de 1999.
21. Mike Ingram, "NATO Accused of Human Rights Violations in Kosovo War", World Socialist Web Site: *www.wsws.org/articles/2000/jan2000/natoj15_pm.shtml*, 15 de janeiro de 2000.
22. Statement from the International Action Center on the UN War Crimes Tribunal's Report on NATO Air Strikes, International Action Center: *www.iacenter.org/unwc+l.htm*, 31 de dezembro de 1999.

13   A narrativa do genocídio continua

1. Elie Wiesel deixou claro que sérvios e nazistas acabaram se confundindo na sua cabeça ao fazer este comentário sobre os sérvios: "Não gosto de pensar que eles sejam humanos" (*Charlie Rose Show*, PBS, 7 de maio de 1999).
2. Brooke Shelby Biggs, "Failure to Inform", *San Francisco Bay Guardian*, 5 de maio de 1999, p. 25.
3. *Washington Post*, 6 de junho de 1999.
4. *Cleveland Plain Dealer*, 16 de maio de 1999.
5. Nambiar, "The Fatal Flaw Underlying NATO's Intervention in Yugoslavia".
6. A entrevista de Loquai ao *Sunday Times* é relatada *em* Lewis Dolinsky, *San Francisco Chronicle*, 7 de abril de 2000.

7. *New York Times*, 28 de julho de 1999.
8. Ver por exemplo Robert Burns, despacho da AP, 22 de abril de 1999.
9. Relatório de inteligência do Ministério do Exterior alemão à Corte Administrativa de Trier, 12 de janeiro de 1999, e Parecer da Corte Administrativa Superior de Münster, 24 de fevereiro de 1999 (reproduzido em *Progressive Review* nº 361, junho de 1999).
10. "Plotting the War Against Serbia: an Insider's Story", comunicado por Jürgen Reents, assessor de imprensa do PDS no parlamento alemão, The US/NATO War in Yugoslavia: *homestead.dejanews.com/user.anax/files/anls12.html*, 16 de abril de 1999.
11. *New York Times*, 15 de junho de 1999.
12. BBC World Report, 20 de maio de 1999. A primeira equipe do Banco Mundial a fazer uma avaliação dos danos em Kosovo logo depois da guerra informou que "muitas aldeias rapidamente retomaram uma vida quase normal" (AP, 13 de julho de 1999).
13. *San Francisco Chronicle*, 5 de maio de 1999.
14. Adriana Sllaku, "Liberazione", 31 de março de 2000.
15. *San Francisco Examiner*, 26 de abril de 1999.
16. Ver *http://originalsources.com/OS5-99MQC/5-26-1999.1.shtml* "NATO Says 200,000 Albanian Women Gave Birth to 100,000 Babies in Two Months?", citado por Mary Mostert, "NATO's 100,000 Kosovo Deaths Shrinking to 300-6000 Deaths", ms. inédito, 5 de agosto de 1999.
17. US Department of State, Erasing History: Ethnic Cleansing in Kosovo, relatado em New York Times, 11 de maio de 1999.
18. Audrey Gillan, "What's the Story?", *London Review of Books*, 27 de maio de 1999.
19. John Allemang, "Patching Up the War's First Casualty", *Toronto Globe and Mail*, 8 de setembro de 1999.
20. *All Things Considered*, NPR, 16 de junho de 1999.
21. *New York Times*, 7 de maio de 1999.
22. Fatmir Seholi, albanês da cidade de Podujevo, em Kosovo, e ex-editor-chefe na Rádio Televisão Pristina, entrevistado por Barry Lituchy, Gregory Elich e outros membros da North American Solidarity with Yugoslavia Delegation, "If They Find Me, They Will Kill Me", Information Action Center: *www.iacenter.org/elich3.htm*, 9 de agosto de 1999.

14   Onde estão os corpos enterrados?

1. Os dados do Departamento de Estado e de Cohen são reproduzidos *em New York Times*, 11 de novembro de 1999. Scheffer é citado *em* George Kenney, "Bookreview: Kosovo: On Ends and Means, December 27", Serbian Unity Congress: *news.suc.org/bydate/Dec_20/4.html*, dezembro de 1999.
2. Daniel Pearl e Robert Block, *Wall Street Journal*, 31 de dezembro de 1999.
3. *New York Times*, 11 de novembro de 1999.
4. Despacho da Associated Press, 18 de junho de 1999. A Reuters (12 de julho de 1999) também informou que tropas da OTAN tinham catalogado mais de cem locais onde havia corpos de vítimas de etnia albanesa.
5. "Where Are Kosovo's Killing Fields?", Stratfor.com: *www.stratfor.com/crisis/kosovo/genocide.htm*, 18 de outubro de 1999.
6. *New York Times*, 10 de dezembro de 1999, e *Wall Street Journal*, 31 de dezembro de 1999.
7. Reed Irvine e Cliff Kincaid, "Playing the Numbers Game in Kosovo", Accuracy in Media: *www.aim.org/mm/1999/08/03.htm*, 3 de agosto de 1999.
8. *Financial Times* (Londres), 1º de abril de 2000.
9. *New York Times*, 18 de julho de 1999.
10. *Sunday Times* (Londres), 31 de outubro de 1999.
11. *Sunday Times* (Londres), 31 de outubro de 1999.
12. Charles Radin e Louise Palmer, "Experts Voice Doubts on Claims of Genocide: Little Evidence for NATO Assertions", *San Francisco Chronicle*, 22 de abril de 1999.
13. Fisk, "Lies and More Damned Lies", *Le Monde Diplomatique*, agosto de 1999, p. 11.
14. William Norman Grigg, "Why Kosovo?", *em The Kosovo Dossier*, p. 72.
15. *Washington Post*, 10 de julho de 1999.
16. *Los Angeles Times*, 28 de agosto de 1999.
17. *New York Times*, 18 de julho de 1999.
18. "Where Are Kosovo's Killing Fields?".
19. Richard Gwyn, *Toronto Star*, 3 de novembro de 1999.
20. Jared Israel, "A Commentary on 'Mass Graves'", *www.emperorsclothes.com/splash.htm*, 24 de setembro de 1999.
21. *Wall Street Journal*, 31 de dezembro de 1999.

22. *Ibid.*
23. Ver, por exemplo, Carlotta Gall, "Belgrade Sees Grave Site as Proof NATO Fails to Protect Serbs", *New York Times*, 27 de agosto de 1999.
24. *Wall Street Journal*, 31 de dezembro de 1999.
25. *New York Times*, 11 de novembro de 1999.
26. *Boston Globe*, 22 de abril de 1999.
27. Philip Knightly, conhecido autor de reportagens e propaganda de guerra, comunicado ao *Independent* (Londres), 27 de junho de 1999.
28. Gwyn, *Toronto Star*, 3 de novembro de 1999.

15   Limpeza étnica à moda ELK-OTAN

1. O governo iugoslavo calcula que 550 mil sérvios foram expulsos da Croácia ("Memorandum on the Ethnic Cleansing and Genocide Against the Serb People of Croatia and Krajina", Ministry of Foreign Affairs of the FRY, Belgrado, 1995). Estima-se que haja também quinhentos mil refugiados sérvios da Bósnia e duzentos mil de Kosovo.
2. Segundo a ministra federal para os Refugiados, Bratislava Morina, entrevistada por mim e outros integrantes da North American Solidarity with Yugoslavia Delegation, Belgrado, 4 de agosto de 1999.
3. Gregory Elich (ed. e trad.), "We Are Witnessing the Consequences of the Bombing All Over Our Country: Meeting with Bratislava Morina, Federal Minister for Refugees, Displaced Persons and Humanitarian Aid", NATO-Yugoslavia War Internet Resources: *members.xoom.com/_XMCM!yugo_archive/19991222witnnasy.htm*, 3 de agosto de 1999.
4. "UN Says Yugoslav Poverty is Soaring", *New York Times*, 5 de novembro de 1999.
5. R. Jeffrey Smith, "Protectors Accused of Abuses", *Washington Post*, 15 de março de 2000.
6. Pilger, *New Statesman*, 24 de janeiro de 2000.
7. *Evening News*, CBS, 24 de julho de 1999.
8. Citado *em* Michel Chossudovsky, "NATO Has Installed a Reign of Terror in Kosovo", inédito, agosto de 1999.
9. *New York Times* (Internacional), 5 de novembro de 1999.

10. *Philadelphia Inquirer*, 18 de novembro de 1999.
11. Entrevista de Cedda Prlincevic a Jared Israel, *www.emperors-clothes.com* [sem data].
12. *Glas Javnosti*, Belgrado, 28 de agosto de 1999. Editado por Jared Israel.
13. *New York Times* (Internacional), 5 de novembro de 1999.
14. *New York Times* (Internacional), 22 de novembro de 1999.
15. Os comentários do major Plummer e do cabo Moss foram extraídos de "Kosovo Patrols Stepped Up Amid Abduction Fears", Reuters, 16 de dezembro de 1999.
16. Segundo o jornal *Makedonija Danas*, de Skopje, Agani foi executado por ordem do primeiro-ministro (do ELK) Hashim Thaci (citado *em* Chossudovsky, "NATO Has Installed a Reign of Terror in Kosovo").
17. Chris Marsden, "Killings of Kosovans Continue Under NATO Occupation at Pre-War Rate", 16 de novembro de 1999, e "We Are Starving", NATO Yugoslavia War Internet Resources: *members.xoom.com/yugo_archive/19991210inteelic.htm*, 6 de agosto de 1999.
18. Entrevista de Sani Rifati a mim, Berkeley, Califórnia, 10 de outubro de 1999.
19. North American Solidarity with Yugoslavia Delegation, "Excerpts from Interviews with Roma and Egyptian Refugees from Kosovo", *em* Zemun Polje, 6-7 de agosto de 1999 (transcrito e editado por Gregory Elich).
20. Levantamento de Polansky mencionado *em* "Update: Current Situation of Roma in/from Kosovo", boletim informativo de Voice of Roma, 20 de dezembro de 1999.
21. *New York Times* (Internacional), 5 de novembro de 1999.
22. *New York Times* (Internacional), 10 de dezembro de 1999; Gregory Elich (ed. e trad.), "We Have the Right to Live: [entrevista com refugiados sérvios de Kosovo]", NATO-Yugoslavia War Internet Resources: *members.xoom.com/_XMCM/yugo_archive/19991224livenasy.htm*, 13 de agosto de 1999.
23. Ver, por exemplo, os depoimentos de sérvios de Kosovo colhidos por Zoran, assessor diplomático sérvio que percorreu Kosovo. Seu relatório completo pode ser lido em *emperors-clothes.com/articles/zoran/&back.htm*; também Elich, "We Have The Right To Live".
24. *New York Times* (Internacional), 22 de novembro de 1999.
25. *Ibid.*

26. *Washington Post*, 7 de dezembro de 1999; *Los Angeles Times*, 7 de dezembro de 1999.
27. "Destruction of the Serbian Orthodox Churches and Monasteries in Kosovo and Metohija", Kosovo: The Land of the Living Past: *www.decani.yunet.com/destruction.html*. Ver também Chossudovsky, "Impact of NATO'SS 'Humanitarian' Bombings, The Balance Sheet of Destruction", p. 3 e *USA Today*, 27 de março de 2000.
28. *New York Times*, 11 de novembro de 1999.
29. Marsden, "Killings of Kosovans Continue Under NATO Occupation at Pre-War Rate". Para depoimentos sobre o terrorismo do ELK contra sérvios, ver Elich, "We Have The Right To Live".
30. *Los Angeles Times*, 22 de agosto de 1999.
31. John Pilger, *em New Statesman*, 24 de janeiro de 2000.

16 Destruição racional: eliminando a concorrência

1. "Provisional Assessment of Civilian Casualties and Destruction in the Federal Republic of Yugoslavia from 24 March to 8 June 1999", Beograd.com: *news.beograd.com/provisional_assessment.html*; *People's Weekly World*, 13 de junho de 1999.
2. Gregory Elich (ed. e trad.), North American Solidarity with Yugoslavia Delegation, "Meeting and Tour of Zastava Factories in Kragujevac", 12 de agosto de 1999. Ver também Gregory Elich (ed. e trad.), "All Our Dreams Were Destroyed: Meeting and Tour of Zastava Factories in Kragujevac", NATOYugoslavia War Internet Resources: *members.xoom.com/_XMCM/yugo_archive/19991217zastnasy.htm*, 12 de agosto de 1999.
3. Segundo um engenheiro elétrico da usina geradora de Zemun em conversa com nossa delegação, 3 de agosto de 1999.
4. Thomas Friedman, *New York Times*, 28 de março de 1999.
5. Gregory Elich (ed. e trad.), "Our Needs Are Very Urgent: Meeting with Members of the Yugoslav Red Cross", NATO-Yugoslavia in War Internet Resources: *members.xoom.com/_XMCM/yugo_archive/19991213yrcrnasy.htm*, 3 de agosto de 1999.

6. Ver o informe da ambientalista sérvia Branka Jovanovic, http://*beograd. rockbridge.net/greens_from_belgrade.htm*; 31 de março de 1999.
7. Steve Crawshaw, *Independent* (Londres), reproduzido em *San Francisco Examiner*, 26 de julho de 1999. Nossa delegação entrevistou moradores de Pančevo fisicamente incapacitados e cheios de dor, sofrendo de problemas respiratórios, dermatológicos e digestivos.
8. Ver os comentários sobre o urânio empobrecido da dra. Rosalie Bertell, radiobiologista na presidência do International Institute of Concern for Public Health, citada em Chossudovsky, "Impact of NATO's 'Humanitarian' Bombings".
9. *Financial Times* (Londres), 22 de julho de 1999.
10. Boletim informativo KPFA-Pacifica, 21 de março de 2000.
11. Paul Sullivan, diretor-executivo do National Gulf War Resource Center, referindo-se à Iugoslávia, citado em Michel Chossudovsky, "Impact of NATO's 'Humanitarian' Bombings".

17 Multiculturalismo na Iugoslávia

1. Para aprofundar essa questão, ver o meu *Against Empire*, pp. 91-92, *passim*.
2. Zakaria citado em *New York Times*, 28 de março de 1999.
3. Peter Gowan, "The NATO Powers and the Balkan Tragedy", p. 84.
4. Ver o meu *Against Empire*, pp. 30-31, passim.
5. *New York Times*, 25 de março de 1997.
6. British Helsinki Human Rights Group, "NATO Targets Yugoslavia: Report of a visit to Belgrade, 10th-13th May, 1999", e Gowan, "The NATO Powers and the Balkan Tragedy", p. 99.
7. Barry Lituchy, "Behind the US Campaign to Destabilize Yugoslavia", *College Voice* (Staten Island, NY), fevereiro de 1997, p. 37.
8. British Helsinki Human Rights Group, "NATO Targets Yugoslavia".
9. *Washington Post*, 3 de novembro de 1999.
10. *Ibid*.
11. British Helsinki Human Rights Group, "NATO Targets Yugoslavia".

12. A única acusação referente a acontecimentos anteriores a 24 de março envolve o "massacre" de Racak, cuja autenticidade foi contestada por jornalistas franceses e várias outras testemunhas no local (como vimos no capítulo 10).
13. David North, "After the Slaughter: Political Lessons of the Balkan War".
14. Por exemplo, tanto Noam Chomsky em seus comentários na rádio KPFA, a 7 de abril de 1999, e Alexander Cockburn in *Nation*, 10 de maio de 1999, consideravam obrigatório falar da "brutalidade" dos sérvios e do "monstruoso" Milošević, sem maiores esclarecimentos.
15. Albright, entrevistada em "War in Europe, Part I", *Frontline*, PBS, 22 de fevereiro de 2000.
16. Slobodan Milošević, discurso pronunciado em Kosovo Polje, 1989, compilado pelo National Technical Information Service of the US Department of Commerce. Ver também "Milošević's Speech at Kosovo Field in 1989", *www.emperorsclothes.com/articles/jared/milosaid.html*.
17. *Daily Telegraph* (Londres), 10 de agosto de 1999.
18. Consultar a transcrição de dois comentários de Smiljanić: Gregory Elich (ed. e trad.), "Our Task is to Survive All This", NATO-Yugoslavia War Internet Resources: *members.xoom.com/_XMCM/yugo_archive/19991211vojvnasy.htm*, 4 de agosto de 1999.

18   O futuro da Iugoslávia: uma nova Bulgária?

1. Salvo indicação em contrário, todas as citações e a maioria das informações nesta seção provêm de Blagovesta Doncheva, "With Her Eyes Opened: a Letter to the Serbian Opposition", *www.emperors-clothes.com/misc/bulgaria.htm*, 14 de setembro de 1999.
2. Joyce Clyde, professora de danças balcânicas, visitou a Bulgária em 1977 e várias vezes depois, até 1996. Observou que as artes estavam sem financiamento, havia mais pessoas desempregadas e mendigando e todo mundo só se preocupava em conseguir comida e aquecimento. (Entrevista comigo, 19 de janeiro de 2000.)
3. Madeleine Kircheva, Sófia, postado em 16 de novembro de 1999, jjgalvi@mindspring.com.
4. *New York Times*, 20 de dezembro de 1999.

5.   Ibid.
6.   Alex A. Vardamis, "If Serbia, then Chechnya", *San Francisco Examiner*, 12 de janeiro de 2000. Ver também o meu *Blackshirts and Reds: Rational Fascism and the Overthrow of Communism* (San Francisco: City Lights, 1997), capítulos 6 e 7.
7.   "Nomination of Rolf Ekens Aims to Continue a Regime of Sanctions, Bombing and Repression", International Action Center: *www.iacenter.org/iraq-challenge/isc_ekus.htm*, 18 de janeiro de 2000.
8.   *San Francisco Examiner*, 23 de agosto de 1999.

19   A privatização como meta global

1.   Frances Fox-Piven e Richard Cloward, *The New Class War* (Nova York: Random House, 1985), p. 19.
2.   Alan Budd, *Observer* (Londres), 21 de junho de 1992, citado *em* Christian Parenti, *Lockdown America: Police and Prisons in the Age of Crisis* (Londres/Nova York: Verso, 1999), p. 29. Alan Budd foi assessor econômico de Margaret Thatcher.
3.   Parenti, *Lockdown America*, p. 40.

20   A agressão continua

1.   British Helsinki Human Rights Group, "NATO Targets Yugoslavia".
2.   O *New York Times* (25 de novembro de 1999), por exemplo, se refere à "oposição democrática ao governo do presidente Slobodan Milošević".
3.   *New York Times*, 7 de novembro de 1999, e observações de Vojislav Seselj em entrevista coletiva à qual compareci em Belgrado, 5 de agosto de 1999. Em geral a ajuda não é fornecida diretamente aos partidos políticos, mas a ONGs que estão "ajudando a oposição democrática na Sérvia", como observa um comunicado de imprensa da embaixada americana em Belgrado, acrescentando que os esforços americanos "não são ocultos nem secretos". ("The United States Openly Supports Democratization in Serbia and Montenegro",

comunicado de imprensa da embaixada americana, Office of Public Affairs, Belgrado, 13 de janeiro de 1999.)
4. Lituchy, "Behind the US Campaign to Destabilize Yugoslavia", *College Voice* (Staten Island, NY), fevereiro de 1997, pp. 27 e 37.
5. Ibid., p. 37.
6. *New York Times*, 25 de novembro de 1999.
7. US Department of Treasury, Office of Foreign Assets Control; enviado pelo Federal Register Online via GPO Access, 8 de novembro de 1999: *wais.access.gpo.gov*.
8. Correspondência comigo por e-mail, 19 de setembro de 1999.
9. *New York Times*, 9 de dezembro de 1999.
10. "Belgrade Takes Over a Montenegro Airport?", Truth in Media's GLOBAL WATCH Bulletin, 9 de dezembro de 1999.
11. Richard J. Newman, "Balkan Brinkmanship", *US News and World Report*, 15 de novembro de 1999.
12. *Washington Post*, 28 de fevereiro de 2000. Ver também *Los Angeles Times*, 4 de março de 2000.
13. *Washington Post*, 28 de fevereiro de 2000.
14. Segundo o presidente do parlamento da Voivodina; capítulo 17.
15. Woodward, *Balkan Tragedy*, p. 219.
16. "Is the CIA Murdering Yugoslav Leaders?", International Action Center: *www.iacenter.org*, 16 de fevereiro de 1999.
17. Ibid.; "Is US Behind 'Quiet Coup' in Ukraine?", International Action Center: *www.iacenter.org*, 31 de janeiro de 2000.
18. *Wall Street Journal*, 3 de fevereiro de 1997, citado *in* Lituchy, "Behind the US Campaign to Destabilize Yugoslavia", p. 27.
19. Ibid., pp. 26-27.
20. *New York Times*, 25 de novembro e 1º de dezembro de 1996; e Lituchy, "Behind the US Campaign to Destabilize Yugoslavia", p. 27.
21. Informe de Zoran Sandin a mim, 3 de março de 2000.
22. Entrevista com Diana Johnstone em *Flashpoints*, rádio KPFA, 23 de março de 2000.
23. Peter Gowan, "The NATO Powers and the Balkan Tragedy", pp. 103-104.
24. North, "After the Slaughter".

Este livro foi composto com as fontes Baskerville e Minion Pro.
O papel do miolo é o Pólen Natural 80g/m².

A Paym Gráfica e Editora concluiu esta impressão para a
Da Vinci Livros, na cidade de São Paulo, em março de 2023.

Há 24 anos, no dia 24 de março de 1999, o que ainda restava da experiência socialista iugoslava começava a ser destruído por milhares de bombas lançadas do céu em nome da democracia e dos direitos humanos.